A
T. H. E. T. P.
PRINCESSE
MADAME
Marie d'Orleans,
Duchesse de Nemours.

MADAME,

*Je suis bien-heureuse
de commencer à mar-*

ã

EPITRE

quer à Vôtre Alteſſe
mon profond reſpect, en
publiant que vous êtes
digne de celui de tout
le monde, & je ne ſçau-
rois trop m'aplaudir
d'avoir trouvé l'occa-
ſion de vous aprendre
en public la vénéra-
tion que j'ai toûjours
eu en particulier pour
V. A. L'Ouvrage que
j'ai l'honneur de vous
préſenter, m'a mis dans

EPITRE.

l'agréable néceßité de vous mettre à la tête de mon Livre. Ayant fait une cenſure des femmes du Siécle, & donné les moyens de ſe rédre parfaites, il me reſtoit de propoſer un modéle achevé des vertus que je conſeille, & je ne pouvois faire un choix plus digne de l'imitation de tou-tes les perſones élevées.

EPITRE.

C'est en vous, Mada-
-me, qu'il est permis de
passer sous silence de
merveilleuses quali-
tez (où l'on se fixe
dans toutes les autres,
& d'oublier un momēt
ce sang Auguste qui a
coulé depuis plusieurs
siècles par tant d'illus-
tres Canaux pour ar-
river jusqu'à vous)
pour s'arrêter & pour
publier ces nobles qua-

LES DIFFERENS
CARACTERES
DES
Femmes du Siecle.
AVEC
LA DESCRIPTION DE
L'AMOUR PROPRE.

Contenant six Caractéres & six Perfections.

CARACTERES.	PERFECTIONS.
I. Les Coquettes.	I. La Modestie.
II. Les Bigotes.	II. La Pieté.
III. Les Spirituelles	III. La Science.
IV. Les Economes.	IV. La Régle.
V. Les Joüeuses.	V. L'Occupation.
VI. Les Playdeuses.	VI. La Paix.

A PARIS,
Chez la Veuve de CHARLES COIGNARD,
au milieu du Quay des Augustins, à la premiere
Chambre, dans son Imprimerie.
ET
CLAUDE CELLIER, ruë S. Jacques
au Grand Navire.

M. DC. XCIV.
Avec Privilege du Roy.

EPITRE.

litez de l'ame & de
l'esprit, qui vous ont
toûjours distinguée
avec autant de droit,
que les justes titres
d'être une des plus
grandes Princesses du
monde. Je craindrois
cependant, Madame,
en parlant de vos
vertus, que vôtre mo-
destie ne s'allarma
contre la verité, &
que vous me fissiez le

EPITRE.

juste reproche d'en a-
voir trop peu dit, par
rapport à ce qui en est,
& trop dit par raport
à ce que vous voulez
qu'on en die.

Dans cette conside-
ration je modére mon
zéle, crainte d'affoi-
blir vôtre gloire, &
j'admirerai par mon
silence plus de vertus
en vous seule, que l'on
en publie de tout le

EPITRE.

monde ensemble. Que
vous estes heureuse,
MADAME, d'être
un modéle si parfait
dans un tems où la
vertu abandonne le
cœur dans l'oubly? Et
qu'il uous est glorieux
de montrer un tissu de
jours sans reproche &
sans blâme? Vous avez
uni le parfait merite
à la solide vertu, &
vous avez trouvé ce

EPITRE.

caractére de perfection
si rare aujourd'hui, de
pouvoir être loüée sans
flaterie, & aimée sans
interét. Vous êtes un
prodige, où l'on ne peut
atteindre, je l'avoüe,
Ce n'est aussi que pour
vous suivre que je pro-
pose aux femmes Illus-
tres, Vôtre Altesse,
comme un exemple de
ce qu'il y a de plus
grand, de plus mer-

EPITRE.

...veilleux, & de plus
digne de leur aplica-
tion, & du profond
respect avec lequel je
suis,

MADAME,

DE VÔTRE ALTESSE,

L. Tres-humb. & tres-
obeï. serv. D.P.

PREFACE.

MON dessein m'étant de concourir à la perfection de celles dont je décris les veritables Caractéres, j'ai crû les dédomager de la peine qu'elles auront à se reconnoître dans un Portrait qui leur ressemble, par les moyens que je leur donne de corriger leurs deffauts. C'est pourquoy je me

PREFACE.

suis promis des *Coquettes*
un aveu de leurs desordres:
Des *Bigotes* un dessein de
se reformer: Des *Spirituelles*
un desir de s'instruire: Des
Economes une genereuse reflexion: Des *Joüeuses* quelques momens à lire cet
Ouvrage, & des *Plaideuses*
un jour de repos.

J'espere que ces premie-
res démarches leur feront
sentir le plaisir de la perfection, les éloigneront de
l'Amour propre que je dé-
peins, & leur donneront
du goût pour la sagesse.

Si je peux inspirer à cha-

PREFACE.

que état le juste sentiment de se blâmer, je serai content; parce que c'est la voye la plus assurée de la correction que de sçavoir qu'on ne fait pas ce qu'on doit faire: Et je voudrois que toutes les femmes que je censure par ma description, m'aprouvassent par une métamorphose de mœurs, ou du moins que j'en fisse autant de sages que j'en ferai de critiques.

Pour celles qui se disculpent des six Caractéres que je blasme, je ne crois pas qu'elles soient fachées

PREFACE.

de se rencontrer dans les six perfections que je décris. Mon Ouvrage ne condamne les defauts des autres que pour mieux faire leur eloge. Et c'est un portrait des vertus qu'elles ont que celui que je fais de celles qu'on doit avoir. C'est pourquoi en faisant connoître le mérite caché des unes, je découvre les defauts ordinaires des autres.

Aussi j'espére qu'elles me pardonneront d'avoir parlé imparfaitement de la perfection, dont elles connoissent mieux que moi le

PREFACE.

mérite & l'étenduë; puisque leur exemple sçait persuader la vertu, mieux que ne pourroit faire l'éloquence des plus beaux écrits du monde.

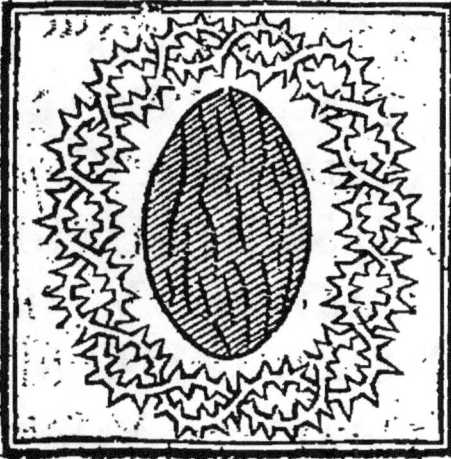

Table des six Carac-
téres contenus en
ce Livre.

Table des six Perfections décrites dans cet Ouvrage.

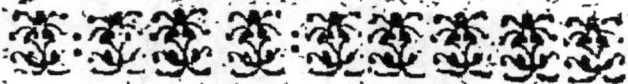

Table de la II. Partie.

Privilege du Roy.

PAR Lettres Patentes du Roy, données à Versailles le troisiéme jour de Septembre 1693. signées VATBOY, & scellées du grand Sceau de cire jaune: Il est permis à MICHEL CHILLIAT, de faire imprimer un Livre composé par M. D. P. intitulé, *Les differens Caractéres des femmes du Siecle. Avec une description de l'Amour propre passion dominante des Femmes*, pendant le tems de huit années consecutives, à commencer du jour que ledit Livre sera achevé d'imprimer pour la premiere fois : Avec défenses à tous Libraires Imprimeurs & autres, de l'imprimer, ni faire imprimer, vendre ni debiter sans le consentement dudit Exposant, ou de ses ayans causes, à peine de Trois mille livres d'amende, confiscation des Exemplaires, & de tous dépens dommages & interéts, & autres clauses insérées audit Privilege.

Registré sur le Livre de la Communauté de Messieurs les Maistres Impri-

...mbres & Marchands Libraires de Paris, le huitiéme jour d'Octobre 1693.

Signé, P. AUBOUIN, Syndic.

Achevé d'imprimer le 30 Novembre 1693.

Livres Nouveaux.

ON trouvera encore chez ladite veuve *Coignard*, au milieu du Quai des grands Augustins, dans son Imprimerie, & *C. Cellier*, ruë S. Jacques, au grand Navire, les Livres suivans :

La suite de l'Histoire de Hollande de Grotius, de Strada & de M. Le Noble. Depuis la Tréve de l'an 1609. où ont fini ces trois Historiens, jusques à nôtre Tems. En 4 vol. 12. Par M. de la Neuville.

La Princesse Agathonice, ou les differens Caractéres de l'Amour. v. 12.

Junie, ou les Sentimens Romains, sur presse, un vol. in 12.

Les differens Caractéres des femmes de ce siécle. Un vol. in 12.

De la Devotion à la Sainte Vierge, & du Culte qui lui est dû. 1. vol. 12.

La Vie de Monsieur Descartes, in 4° 2 v. & in 12 un vol. Par le même.

Les Remarques de D. Mathieu Petit

Didier, R. Benedictin ; Sur la Biblio-
theque des Auteurs Ecclesiastiques de
M. Du Pin. 2. vol. 8°.

Homelies, ou Entretiens Spirituels
sur l'Evangile de S. Matth.. Par M.
Hermant, Docteur de Sorbone. En 3.
volumes 12°.

L'Honnête Homme Chrétien, qui
apprend à se conduire sagement, &
civilement en toute sorte d'Etats, v. 24.

L'Esprit des Mystéres de J. C. des
principales Vertus du Christianisme,
& des Béatitudes du Chrétien. vol. 24.

Le Triomphe de la Misericorde de
Dieu sur un cœur endurcy. vol. in 12.

Elevations saintes sur les principaux
sujets de l'Histoire de la Bible. vol. 18.

Les Instances de la Grace, aux Ecclesiastiques, aux Religieux, aux P. du
monde, & aux Trois Etats, 8°. 4. vol.

Les Oeuvres du R. P. Maillard &
du R. P. Rapin, de la Compagnie de
Jesus. Et plusieurs autres Livres d'Histoire & de Morales : Et trés-souvent
des Livres nouveaux.

On imprime au même lieu toutes
sortes d'Ouvrages.

LE
CARACTERE
DES
COQUETTES.

CHAPITRE I.

L A galanterie est un goût du monde & des plaisirs en général, & cet esprit de bagatelle naît

A

avec le sexe. Son tempe-
rament contribuë à ce
caractére , & l'éducation
qu'il reçoit acheve de le
confirmer, & le rend tout
occupé du rien qui le
remplit. La civilité le po-
lit, & c'est la meilleure
maîtresse qu'on lui don-
ne ; mais les soins que
l'art prend de sa perfec-
tion gâte ce beau sexe.
Une fille à peine com-
mence-t'elle à parler qu'-
on lui apprend de jolies
choses & non pas d'utiles,

ſes premieres démarches
ſont pour la dance , &
ſans s'embarraſſer d'en
faire une femme forte ,
on en veut faire une fil e
aimable , & on ne lui
montre qu'à plaire ſans
ſonger à lui apprendre à
vivre.

On s'étonne aujour-
d'hui de la coquetterie
des femmes, que veut-on
qu'elles ſoient en les éle-
vant comme l'on fait ?
Leur diſpoſition natu-
relle les porte à la dou-

ceur & aux chofes agréa-
bles. La beauté leur in-
fpire un amour propre
qui leur fait mener une
vie molle & fans action:
& au lieu de rompre le
cours à ce penchant effe-
miné, on leur fournit en-
core des moyens pour en
fortifier l'habitude &
pour s'y plaire davanta-
ge. Je parle des mieux
élevées, je laiffe là celles du commun peuple,
& toutes celles qui ne
connoiffent la galanterie

que sous le nom de la
débauche, je parle aux
personnes distinguées.

Une fille ne connoît
sa religion que par son
Cathechisme, les scien-
ces que par le nom, &
toutes les bonnes choses
qu'en idées. Elle sçait la
musique dans toutes ses
proportions, pendant
qu'elle ignore la verité
dans toutes ses circon-
stances. Elle joüera tou-
tes sortes de jeux & ne
lit aucun livre que ceux

A iij

qui font plus capables
de la gâter que de l'in-
struire. Quel est la suite
de ce premier desordre?
Une aversion pour les
bonnes choses, faute de
les connoître, un éloi-
gnement pour les cho-
ses élevées faute de les
sçavoir, & un esprit d'envie & de mépris que
donne l'ignorance, qui
fait qu'une femme ne
s'occupant que de ce
qu'elle est, & de ce qu'elle
sçait, donne son tems

au foin de plaire, & fon
éloge à fes maximes. Voi-
là la fuite d'une jeunef-
fe mal employée, qui
n'a eu d'inftruction que
celle qu'il faloit pour
s'aimer davantage & fe
connoître moins. Elle fe
fait un plan de perfection
au goût de l'amour pro-
pre & felon l'ufage du
tems : fur ce modéle elle
régle fa conduite & fes
actions & le fruit de ce
beau deffein eft un dé-
fordre univerfel.

A iij

On imprime la bagatelle si avant dans l'esprit des femmes, que pour l'effacer il faut un coup surnaturel. Un bon dessein fait qu'on les privent des sciences élevées, & un mauvais effet suit ce bon dessein. Pour leur faire éviter l'orgüeil des demy sçavants, on les fait tomber dans l'ignorance des vrais superbes; car elles estiment que de sçavoir le monde est pour elle un

talent auſſi élevé que toute l'érudition des hom-
mes, & qu'à proportion
des états, la perfection
du leur eſt remplie quand
tous les moyens de plai-
re leur ſont connus. Voi-
là ce qui fait aujourd'huy
leur dangereuſe applica-
tion. Une femme lit pour
ſçavoir les intrigues des
autres & pour régler les
ſiennes : elle ſe pare non
pas pour plaire mieux,
mais pour plaire davan-
tage ; car leur deſſein

n'eſt pas de ſe faire un
inviolable attachement;
mais d'en faire pluſieurs;
aimant beaucoup mieux
le nombre des amans ,
que la force de l'amour.

Elles étudient leurs
regards & leur âtitude,
la plus tendre eſt la pré-
ferée , elles obſervent
leurs beautez pour les
employer avec art. Elles
ajoûtent ſouvent avec
deſſein ce que la nature
leur a refuſé avec raiſon;
Enfin elles font une étu-

de de leurs charmes pour
parvenir à être aimées,
& l'étenduë du deſſein
qui les anime eſt ſi vaſte
que dés qu'elles plaiſent
à un objet elles vou-
droient plaire à un au-
tre, & leurs charmes ceſ-
ſent avant que leur cœur
ait ceſſé ſon deſir.

C'eſt une choſe inouye
que l'occupation des Co-
quettes, elles ſont oiſi-
ves quoi qu'elles agiſſent
toûjours : depuis le ma-
tin juſques au ſoir elles

penſent à ceux qu'elles
aiment, elles parlent à
ceux qu'elles voyent, elles
caréſſent un petit chien
ou font quelqu'autre ba-
gatelle ſemblable, & cette
inutilité les réjoüit par
ſimplicité ; car le moyen
de penſer par paſſion, de
parler par habitude, d'a-
gir par contenance, &
d'être contente de ſoy-
même ? Ce ne peut eſtre
que par ignorance & par
aveuglement qu'elles mé-
nent une vie blâmable

dont elles font fatisfai-
tes.

Leur conduite n'en
demeure pas là, cette oi-
fiveté génerale les en-
nuye, & ne la quittant
pas pour une ferieufe &
falutaire occupation dont
elles ne connoiffent pas
l'ufage, elles fe portent
à des defirs déréglez & à
des entreprifes criminelles
& dangereufes : les affec-
tions du cœur leur fer-
vent de régle, elles em-
ployent les puiffances de

leur esprit pour les sa-
tisfaire, & sans écouter
le devoir & la raison :
elles ne s'étudient qu'à
contenter la passion do-
minante, & à rendre l'es-
prit l'instrument des dé-
réglemens du cœur. Com-
me elles n'ont pas moins
de lumiére que les hom-
mes, mais qu'elles n'en
font pas une juste ap-
plication, l'esprit ne leur
sert qu'à les rendre plus
coupables & non pas plus
parfaites, & une Coquet-

te éclairée plaît beaucoup
plus, trompe bien mieux
& ne vaut pas davanta-
ge ; car l'efprit eſt dangereux lorſque l'on chan-
ge ſon uſage naturel, &
que laiſſant les bonnes
& les grandes choſes qu'il
eſt capable de connoître,
on l'employe à des cho-
ſes vicieuſes qui le gâ-
tent.

Voilà cependant ce que
font la plus part des femmes, la vivacité les rend
plus inconſtantes ; la ſo-

lidité plus malignes , la
pénétration plus fatyri-
ques , & tous fes défauts
plus fuperbes & plus di-
gnes du mépris qu'elles
obtiennent pour falaire
de leur mérite imaginai-
re. On les eftime autant
qu'elles aiment, pour un
moment. La beauté nous
arrête, l'efprit nous fixe
& les defauts nous chaf-
fent. Mille agrémens les
font chercher, mille rai-
fons les font fuyr. La
volupté fait qu'on y re-

tourne, & la fageffe fait
qu'on n'y refte pas &
qu'on leur parle toujours
avec plus de flaterie que
d'attachement.

Il n'eft point d'extre-
mité où une Coquette
ne fe porte. La prodi-
galité dans toutes fes dé-
penfes, & l'avarice dans
toutes fes épargnes ; car
la vertu étant bien loin
de chez elle, la jufte mé-
diocrité ne s'y trouve jamais ; fi elle aime, quoi
que cela ne dure guére,

c'eſt pourtant juſqu'à la
fureur ; ſi elle hait cela
dure davantage & toû-
jours juſqu'à la vengean-
ce ; ſi elle ſouhaite, ſon
deſir eſt inſatiable ; ſi elle
craint, ſon aprehenſion
eſt ſans borne, & l'aſ-
ſemblage de toutes ces
qualitez affreuſes n'em-
péche point qu'elle ne
plaiſe & que ſes ſoins,
ſes manieres, ſa beauté ne
ſéduiſent les hommes &
ne les rendent eſclaves de
ce faux merite ; mais en

revanche une femme paie
bien cher la Loy qu'elle
impofe, & comme l'a-
mour qu'elle infpire eft
intereffé, auffi bien que
fa caufe, le fruit de ce
commerce eft la ruine
de la fortune d'un hom-
me & de l'honneur d'une
femme. Il arrive fouvent
que comme elle ne l'a pas
rendu plus heureux, il ne
l'a pas fait plus riche &
que tous les deux chagrins
de s'eftre connus ne par-
tagent entr'eux que le ré-

pentir qui est la suite d'un
amour volage & criminel.
Franchement si les fem-
mes galantes examinoient
leur conduite avec un peu
de raison, elles ne se plain-
droient pas de leur mal-
heur & se corrigeroient
de leurs defauts, & quoy
que leur penchant, leur é-
ducation & leur habitu-
de, leur eût rendu le
changement comme im-
possible, le goût du bien
leur viendroit, la religion
& l'honneur ne seroient

pas fans effet, la joye d'ê-
tre eftimées fuccederoit
au plaifir de plaire. Car
la vertu eft honorée par
tout où on la rencontre,
foit que la fageffe l'ait
confervée, ou que la rai-
fon l'ait renduë; & elles
obtiendroient avec jufti-
ce l'eftime refpectueufe
qu'on leur refufe. Pendant
qu'un avis les confeille, la
Modeftie pourra les in-
ftruire, fi elles ont bonne
volonté.

LA
MODESTIE.

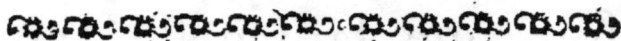

CHAPITRE II.

COmme il est des devoirs de religion, il en est que l'honneur nous impose, & c'est de ceux-là dont la modestie nous donne des leçons ; elle veut que la bienséance accompagne toutes les actions d'une femme, qu'elle naisse avec la pudeur, qu'elle vive avec la crain-te, & qu'elle meure avec la sagesse, que son pre-mier âge soit innocent, que le second soit pur, & que sa conduite finisse avec une heureuse & loüa-ble simplicité.

La modestie n'est point trop severe, ce qu'elle prescrit est juste & na-turel, elle ne veut que l'ordre & la perfection, & quiconque la méprise, s'é-loigne de la vertu & de l'honneur. Quand une femme à qui le monde touche le cœur, abandonné les régles de la modeſtie où l'honneur eſt en aſſurance, elle connoît bien-tôt par effet le danger où l'a conduit ſa negligence, & ſon meilleur party eſt de rentrer avec promtitude dans la voye que ſon penchant lui a fait quitter.

Il eſt d'heureuſes inclinations qui nous font remplir nos devoirs ſans

peine

peine ; mais ce naturel
excellent est plus rare
que les autres , & l'on
trouve peu de ces ames
où le bien s'imprime sans
soin , & qui vont à la
vertu sans guide.

C'est à celle à qui la
foiblesse, le penchant, &
l'occasion paroissent des
obstacles invincibles , à
qui la modestie marque
des régles qu'il faut qu'elle
suive. Elle veut qu'un exterieur modeste par ha,
bitude , abaisse ces mou-

B

vemens du cœur dérangé
par amour propre, qu'un
mauvais exemple pique
& ne touche pas, que
la beauté orne sans flat-
ter, que la joye ne paroisse
jamais sans retenuë, &
qu'il soit plus aisé de
nous instruire que de
nous plaire ; Car une
femme de qui le devoir
fait l'étude, songe bien
moins à ce qu'elle vaut,
qu'aux moyens de valoir
beaucoup, & comme le
desir d'aprendre l'occupe,

l'idée de ſçavoir ne la prévient pas, & elle croit plus aiſément faire une faute digne de blâme, qu'-une actiõ digne de loüange. C'eſt cette heureuſe application que donne la crainte & le deſir tout en-ſemble, à quoi une femme doit ſe donner toute entiere. Le penchant qu'-elle auroit encore pour la bagatelle ceſſe bientôt quand le goût des bonnes choſes ſe preſente, & la difficulté d'être parfaite

vient du relâchement des
mœurs. Pour guérir le
déréglement du cœur, il
faut qu'une conduite mo-
deſte & ſage ſoit unifor-
me & ne ſe démante ja-
mais. Il eſt bien difficile
à une ame vicieuſe de
conſerver ſon mauvais
caractére contre une pra-
tique réguliére & une re-
tenuë volontaire qui ne
gauchit jamais ; c'eſt à la
conſtance des œuvres que
la modeſtie impoſe ſes
loix. Si la fermeté d'une

juſte reſolution fait le
merite d'un homme, la
fermeté d'une ſage con-
duite fait celui d'une femme ; Car il eſt auſſi difficile à une femme de ne
jamais ſortir de ſoi-même
ni par temperament ni
par occaſion , qu'il eſt
difficile à un homme de
ne jamais changer d'opi-
nion, ni par paſſion, ni
par neceſſité ; mais le moyen de parvenir à cette
conſtance noble & juſte,
c'eſt la modeſtie qui rend

ce moyen utile, quand elle
défend la grande liberté
de l'âge tendre, la gran-
de familiarité des focietez
agréables, la grande fa-
cilité des feftins, & pour
diftinguer plus particu-
lierement fa volonté lors
qu'elle refufe tout ce qui
s'oppofe à une fainte ré-
gularité, ne voulant pas
qu'une femme écoute
rien d'équivoque, parle
fur certaines matieres, ni
s'explique avec certaines
gens. Point de regards

sans mesure, il faut avoir
égard au tems & au lieu
pour jetter les yeux. Point
de rire précipité, il faut
que le sujet qui nous l'inspire soit commun dans
son effet. Point de con-
tenance aisée, où la com-
modité nous apelle. Point
de façon nouvelle de s'or-
ner. Point de partie de
divertissement qu'il n'y
ait un chef. Point d'a-
mis qui ne soient sages.
Point d'ennemis qui ne
soient méchans. Enfin

Point d'yeux pour ses vertus, & point d'oreilles pour ses loüanges. Voilà le secret de commencer un tissu de jours éclatans & d'en suivre le cours sans peine & sans blâme.

Mais ce moyen échape à la pluspart des femmes, & ces soins que l'honneur demande & que la modestie inspire ne sont pas ceux qu'elles prennent ordinairement. Côme il en coute à la vanité & à la volupté, une fem-

me aime mieux retran-
cher de la modestie que
diminuer de son amour
propre ; c'est pourquoy
elle obmet tant de cir-
constances d'honneur,
tant de loüables délicatef-
ses que condamne la mo-
destie, comme le tête à
tête entre personnes de
different sexe, l'examen
de la beauté d'un hom-
me, la préference dans les
assemblées, l'explication
de son penchant, le soin
de juger de celui des au-

tres, la facilité de blâmer, la difficulté d'approuver, & la liberté qu'on se donne d'imposer, d'ordonner & de commander à des gens, en des lieux, sur des choses que la providence n'a point commis à nos soins. Si une femme étoit exacte à remplir les devoirs de son état, elle ne seroit pas si portée à se répandre au déhors, ni si vive dans son domestique. La modestie lui feroit goûter

l'esprit de retraite , elle
sentiroit par ce plaisir de
la solitude & du particu-
lier le trouble que don-
nent le tumulte & la con-
fusion. C'est dans cette
confusion où il échape
tant d'irregularitez , la
grande societé nous dif-
sipe jusqu'à l'oubly, & la
retenuë la mieux obser-
vée se dément quand les
parties deviennent fré-
quentes, & que l'on s'ac-
coûtume au monde nou-
veau. Car une femme ai-

B vj

me que l'on la flatte , & moins on la connoît, plus on le fait. L'ignorance où l'on eſt de ſes defauts, fait qu'on la loüe avec plus de facilité, mais cet encens qui lui plaît, la fait négliger ſur bien de choſes , & ſouvent elle doit à l'approbation d'un ſeul cent defauts qui ſont connus de tout le monde.

Combien s'engage-t'elle en ſe prévenant , l'incivilité lui devient naturelle avec ſes égaux, l'air

de mépris écraſe ſes infe-
rieurs, & la gloire lui fait
éviter ceux dont le rang
l'éface, & la retranche à
des réflexions qui cho-
quent la modeſtie, elle
s'exclut des obligations
que l'honnêteté lui im-
poſe, elle oublie les droits
du prochain, & la vanité
lui cache ceux dont elle
eſt redevable; de maniere
qu'en s'attribuant par la
foi qu'elle donne à ſon
éloge des honneurs qu'el-
le ne merite pas, elle n'a

d'égard que pour elle mê-
me, & neglige tout ce
que la modeſtie lui preſ-
crit pour les autres. Vous
la voyez ſans peine man-
qüer à l'honnêteté d'un
abord, d'une converſa-
tion & d'un adieu, ſans
ſonger que l'infraction
des loix de la modeſtie
eſt tres-ſouvent la cauſe
du rafroidiſſement de la
charité, & qu'il eſt peu de
diſtance entre le mécon-
tentement & la haine;
c'eſt pourquoi une femme

raisonnable est d'une e-
xactitude achevée sur les
moindres devoirs de la
modestie qui regarde les
autres, & renonçant aux
occupations de bagatelle,
elle ne s'applique qu'à rendre sa conduite irrepre-
hensible dans les petites
choses comme dans les
grandes.

LE
CARACTERE
DES
BIGOTES.

CHAPITRE III.

 A fausse devotion est le plus dangereux des crimes, & le plus commun des defauts.

Les hommes l'ont quel-
quefois par de grandes rai-
fons de fortune, mais les
femmes l'ont prefque
toûjours par orgüeil &
par amour propre. La
fauffe picté a plufieurs
motifs qui engagent les
femmes à prendre fon
party. Elle eft facile, elle
eft heureufe, elle eft d'u-
fage. Souvent de la vie
la plus licencieufe à celle
qui paroît la plus retirée,
il ne faut point changer
de maximes, il ne faut que

changer d'habit, & tout
ce qui se refusoit à nos desirs dans ce premier êtat,
s'accorde à nos souhaits
dans le second. L'expe-
rience nous le fait voir si
souvent que nous ne sçau-
riõs douter du facile bonheur d'une multitude de
bigotes du tems. Une
femme élevée avec de
bons principes, née avec
bonnes inclinations, qui
cependant veut se conser-
ver la liberté d'une societé
agreable, & la reserve d'u-
ne sagesse entiere, ne trou-

ve qu'un moyen pour y
parvenir ; c'est l'hypocrisie qui lui fait trouver un
accord pour côcilier Dieu
& le monde, & pour satis-
faire son amour propre
sans blesser sa devotion.

C'est une étrange er-
reur que celle du monde
sur le chapitre de la religion. Les personnes éclai-
rées la regardent dans ses
plus sacrez mysteres ; le
peuple dans les céremo-
nies exterieures qui luy
imposent ; & les femmes

dans certaines pratiques
qu'elles se proposent,
dont elles se font une loy
à laquelle elles attachent
la perfection de leur êtar.
Les premiers connoiffent
la religion, les seconds.la
croyent & les troisiémes
la gâtent ; car les doctes
la cherchent , le peuple
la suit & les femmes la
contrefont.

Elles s'employent à
trier un nombre de maxi-
mes qui s'accordent à leur
inclination,& sur ce choix

elles forment un plan de leur observance, & l'amour exact qu'elles ont pour les vertus choisies leur fait oublier tout le reste. On ne s'embarrasse pas d'être charitable, pourveu qu'on soit dame de la charité. Les dehors de la devotion leur suffisent, quand l'interieur lui seroit opposé.

Il importe peu d'omettre des devoirs d'obligation, pourveu que ceux qu'on leur a preferez, ne

ſoient pas des plus crimi-
nels, & qu'il reſte toûjours
un moyen de faillir avec
éloge. Car c'eſt le propre
de la fauſſe devotion de
répandre l'orgüeil dans
une ame, & de lui faire
aimer l'humilité lors qu'-
elle eſt abimée dans la ſuperbe, de faire eſtimer de
peu d'importance les cho-
ſes conſiderables, & de
faire regarder comme
choſes conſiderables, celles qui ſont de peu d'im-
portance. C'eſt le ſecret

dont le démon se sert au-
prés des femmes , il leur
fait voir les preceptes de
la religion avec des yeux
d'indiference , pendant
qu'un conseil de l'Ecriture les occupera jour & nuit
pour le mettre en prati-
que. Elles seront vives
pour se corriger d'un de-
fauts , & impenitentes
quand il s'agira d'un crime. Elles n'ont garde de
sentir le poids du peché,
puis qu'elles ignorent les
lumieres de la grace , &

qu'elles s'attachent à de petites choses qui conviennent à leur caractere, pendant qu'elles negligent de grandes choses neceffaires à leur falut. Cependant fous ce voile heureux d'une fainte apparence on fe met en repos, on repare dans l'efprit du monde les impreffiōs du defordre en changeant l'exterieur & en joignant l'hypocrifie à fes autres defauts. On efface par cette faute prefente

jufqu'à

jusqu'à la memoire de
ses fautes passées, & par
un dehors reglé, on fait
croire l'interieur pur &
innocent, Quelle erreur
de juger de la conduite
par une devotion appa-
rente ? On se trompe
bien plus aisément en jus-
tifiant le bigot qu'en con-
damnant le libertin.

Ce n'est pas une cau-
tion de l'honneur & de la
vertu qu'un devot de pro-
fession. Les plus éclairez
s'y trompent moins, par-

C

ce qu'ils s'en défient davantage, & les hypocrites
font fufpects chez tous les
gens raifonnables. Les
fimples font abufez par
les hypocrites, mais les
hypocrites font defolez
par les fages, qui ne leur
paffent pas aifément les
trois Caractéres que l'hypocrifie leur impofe, qui
font trois qualitez directement opofées à l'amour
de Dieu & du prochain.
L'orgüeil, la diffimula-
tion & la cruauté.

L'orgüeil leur fait u-
surper l'autorité sur des
personnes qu'ils ne con-
noissent pas, la dissimu-
lation leur fait obtenir
une approbation qu'ils
ne meritent pas, & la
cruauté leur fait exercer
une tyrannie qui ne se
doit pas.

Voilà l'exercice des de-
votes du tems, la recher-
che des employs qui leur
assujettissent le plus de
malheureux, & qui les éle-
vent au dessus d'une con-

duite ordinaire. Le soin
de cacher leur dessein, afin
de parvenir plus aisément
à leurs projets, & de s'ex-
primer en termes hum-
bles pour se faire esti-
mer davantage, & l'appli-
cation continuelle à sup-
poser des crimes à ceux
qui ont du malheur, & à
nourrir de larmes & d'i-
gnominie ceux que la
providence leur envoye
pour les nourrir de pain.
Si on sçavoit jusqu'où va
la rigueur des bigotes du

tems , les riches crieroint
pour y mettre ordre, &
les pauvres craindroient
leurs secours.

Comme un des char-
mes de la grandeur & des
richesses est le respect qu'-
elles imposent : un des
chagrins de la misére est
le mépris qu'elle s'attire.
L'indigence & la pauvreté
effacent dans les esprits
simples l'avantage de la
naissance , l'éclat du merite & la beauté de la vertu. Mais si l'injustice éleve

la fortune à un si haut
degré, la verité plus équitable la laisse toûjours au
plus bas rang , & cette
verité, qui semble éclai-
rer les Bigotes, est foulée
au pied par leur cruauté.
Il n'est point de maux qu'-
elles ne fassent souffrir
aux personnes que Dieu
visite par la pauvreté, la
faim , la soif, la nudité
font les moindres peines
qui partent de leurs soins:
La medisance, la calom-
nie , le mépris & l'ou-

trage font les fuites du
zele qu'elles font paroî-
tre pour le prochain.

Quand elles font com-
mifes au foulagement des
familles, & que la bonté
d'un Pafteur qui ne veut
pas laifler fouffrir aucune
de fes oüailles, les employe
pour exercer des devoirs
de charité ; c'eft une chofe
inoüie ? Il fe repofe fur
fes ames zelées dont les
pratiques font d'exemple,
& qui montrent en public
les devoirs que l'on doit

à Dieu, pendant qu'elles
ne s'embaraſſent guére en
particulier de ceux que
l'on doit au prochain.
C'eſt ſelon le penchant de
leur cœur qu'elles ſont
vivre ou mourir les miſe-
rables. Lorſque la bien-
veillance les porte vers
quelqu'un, & que les ſoû-
miſſions d'un homme
ſouffrant a rendu hom-
mage à leur ſuperbe, el-
les lui donnent tout ce
qu'il faut pour diminuer
ſa ſouffrance, & non pas

pour la finir, elles font bien aifes de ralentir fa douleur pour manifefter leur bonté, & n'ôter que l'excés de fa peine, afin de meriter un éloge, & de conferver leur empire.

Mais lors qu'un illuftre malheureux à qui le dépoüillement n'a pas arraché la noble fierté de fon cœur, eft confié à leur cruel fecours, ce n'eft plus une demie pitié qui les anime ; c'eft une rage, qui leur fait exercer

mille supplices en sa personne ; comme si les
vertus d'un pauvre illus-
tre mettoient obstacle au
secours que ses besoins
demandent ; on les lui
refuse tous, ou bien on
les lui offre sous des con-
ditions cruelles ; on ne
veut plus de sentimens
nobles dans un cœur lan-
guissant, plus de lumieres,
de grandeur, ni de ca-
pacité dans un esprit ab-
batu par l'infortune, il
faut renoncer à tous les

sentimens qui distinguent
un homme du commun,
si vous voulez obtenir
l'utilité qu'elles vous proposent. Et par un éloi-
gnement secret de la cha-
rité dont elles font pro-
fession publique, elles ne
vous accordent la vie
qu'en vous ôtant l'hon-
neur, & ne consentent à
vous donner du pain qu'à
condition que vôtre rang
& vôtre vertu ne vous ex-
cluront pas d'être victime
de leur erreur & de leur
fantaisie.

Comme l'exercice de leur charité pendant ce tems fait bien souffrir les miserables. Ce même exercice pourroit bien à leur tour les faire souffrir dans le grand jour de l'éternité, & si l'orgueil est le plus grand crime devant Dieu, puisqu'il s'attaque à lui-même en blessant son amour, où conduira l'hypocrisie qui renfermant l'orgueil, blesse encore l'amour du prochain & le rend infrac-

teur de la loi dans ces deux
préceptes. Je vous avoüe
qu'une bigote est si cou-
pable, & a tant de de-
fauts que je n'ai garde
d'en entreprendre le dé-
tail, je ne parle que de
celles attachées à la profession. Comme la haine
qu'elles ont pour toutes
les femmes qui ne font
pas habillées à la mode
de l'hypocrisie, elles ne
peuvent les souffrir, sur
tout quand elles meinent
une vie exemte de blâ-

nie. Il semble qu'il y ait
un crime à être vestu d'or-
nemens que la condition
permet , & qu'il faille
pour estre à Dieu com-
mencer par se couvrir
d'un sac, qui ne sert bien
souvent que pour cacher
plus de crimes sans découvrir plus de vertus. L'erreur d'une modestie de
laine a beau s'augmen-
ter dans de monde ; on
sçait que les grandes man-
ches couvrent moins la
main que l'avarice & que

ce n'est point l'habit de
bigotes qui fait la fem-
me de vertu. Cependant
sous cet habit, on con-
damne avec hardiesse, &
l'on peche avec impunité;
on est même au dessus
de la censure, & celui
qui dit la verité sur ce
sujet, court risque de faire
dire un mensonge sur le
sien ; car la fausse pieté
ne souffre point le blâme
sans rendre la calomnie,
& c'est la suite de la co-
lere d'une bigote de per-

dre celui qui l'a blâmée.
La fageffe par excellence
& la verité même qui
eft Jefus-Chrift a con-
damné l'affectation des
habits, lorfqu'il blâme les
Pharifiens aux robes lon-
gues & aux franges mo-
deftes. Il n'a pas eu égard
à leur accufation fur la
femme adultere, il les a
condamnez, lorfqu'ils ve-
noient pour condamner
les autres. C'étoit une le-
çon de providence pour
éclairer ceux qui ont l'au-

torité , pour proteger
ceux qui font dans l'a-
bandon , & pour corri-
ger ceux qui accufent
fans eftre innocens.

Il eft des circonftan-
ces de peché dans l'hy-
pocrifie fi délicates & fi
dangereufes que mefme
celles qui en font coupa-
bles ignorent quelquefois
le malheur de leur con-
dition. Une femme du
caractére dont je les dé-
peint n'a de prochain que
ceux de fa profeffion.

Ce qui vient de leur part
est decisif sur toutes choses, & une bigote feroit
conscience de douter d'u-
ne calomnie qu'une au-
tre bigote a inventée. Sur
cette foi criminelle elle
méprise celles que l'on a
accusées, & sous pretexte
de reprendre les defauts,
elle les publie par tout.
Car la médisance n'est pas
un crime chez les bigo-
tes. Quand on croit dire
la verité, on ne croit pas
offenser Dieu; cependant

la Pieté parle un langage
bien different de ces ma-
ximes ; & pour être de-
vote veritablement, il ne
faut que la consulter.

LA

PIETÉ.

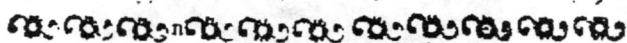

CHAPITRE IV.

 A foy est la mere de la Pieté, quiconque se donne à Dieu & fait profession d'y estre

doit fçavoir fa religion,
& aimer fes devoirs &
les remplir parfaitement.
Son premier foin doit
eftre de s'inftruire & de
régler fes mœurs fur la
foi de fes connoiffances,
afin de ne pas connoître
la loi en libertin ni la
pratiquer en bigot.

Mais quand la foi a
fuccedé au foin de fon
inftruction, qu'il eft feur
d'avoir trouvé la voie,
la verité & la vie, qu'il
goûte une paix mer-

veilleuse que la verité répand dans son ame, que
son cœur rempli de cha-
rité n'a plus de mouve-
mens qui ne le portent
à la joye de l'éternité, son
esprit se trouve convain-
cu, son ame est remplie
d'onction & la pratique
de la vertu devient fa-
cile quand l'esprit con-
noît avec seureté ce qu'il
doit, & que le fruit de
cette connoissance est le
zele de la volonté ! c'est
alors que l'on voit cet

empreſſement des Maries
pour chercher J E S u s-
C H R I S T, cet amour des
Magdelaines pour le ſui-
vre, & ce ſoin des Mar-
thes pour le ſervir. Ni la
parole de l'Ange, ni l'op-
poſition du Phariſien, ni
la préference de Magde-
laine ne les arrêtent point.
Le deſir, le courage & la
force ſuivent de prés la
foi, l'eſperance & la charité qui les animent, elles
courent portées par leur
empreſſement, mais c'eſt

dans la voye de la verité
suivant Jesus-Chrift sans
relâche & fans repos, s'em-
ployant fans cesse au travail de la Vigne du Sei-
gneur, & n'épuifant ja-
mais la force de leur vo-
lonté, quoi qu'elles atte-
nuent celle de leur corps.
Voilà la régle d'une amé
qui cherche vrayement
Dieu, un defir brulant
de tout faire pour fon
amour, une impreffion de
fa Divinité qui nous a-
néanti fans cesse, & qui

nous

nous met à l'abri de la
superbe du demon, si dan-
gereuse aux ames inno-
centes. Une resolution
inexprimable qui nous
fait vaincre les obstacles
qui se rencontrent dans
la voye tracée par Jesus-
Christ, dans laquelle il
faut marcher sans détour
pour être parfait. On ne
suit pas le Seigneur en
s'arrêtant, c'est une cour-
se sans interruption qu'il
faut que fasse la volonté,
le moindre repos l'éloi-

gne, & souvent la négligence fait qu'elle le perd de vûë, & qu'elle s'égare jusqu'à ne pouvoir plus le retrouver ; c'est la fidelité à le suivre qui est l'article le plus essentiel de la vraye pieté.

Que d'ames qui cherchent Jesus-Christ, qui le trouvent, & puis qui le laissent & qui le fuyent? L'ardeur de la devotion, leur donne des mouvemens impetueux que la foiblesse naturelle, l'oc-

cafion & le penchant ar-
rétent au milieu de leur
courfe, & le plus fouvent
ce grand zele que le tem-
peramment anime, cede
à la moindre bagatelle
qui choque la paffion do-
minante.

Ce n'eft point à la vertu
aimée qu'il faut donner
la conduite des autres, c'eft
à la vertu neceffaire, &
cette vertu neceffaire eft
celle qui retranche le plus
de nôtre propre volonté
& qui nous fait fuivre de

plus prés Jesus-Christ : ce
n'est point d'un pas lan-
guissant que l'amour fait
marcher quand c'est de
bonne foi que le cœur se
donne ; on vole où l'a-
mour nous appelle, l'es-
prit de charité fait agir
tout autrement, & le saint
emportement d'une ame
qui aime Dieu lui fait suivre de si prés les Preceptes
& les Conseils de Jesus-
Christ, que sa conduite
paroît un Evangile, où
l'on voit écrit par la vio-

lence les leçons d'un Dieu crucifié. Je vous avouë que la rareté de ces perſonnes apoſtoliques, qui rempliſſoient les premiers ſiecles, feroit douter qu'il y en éut dans le nôtre, ſi la perfection de ceux qui nous donnent l'exemple, ne nous dédommageoit du petit nombre, & ne nous perſuadoit par l'ex-cellence d'un état ſi mer-veilleux des douceurs que la grace communique dans cette voye laborieuse de la penitence, où l'on cherche, où l'on suit & où l'on sert Jesus-Christ. Car cette même volonté qui nous le fait suivre en tout lieu, nous le fait servir en toutes choses. Il ne s'agit pas seulement de l'aimer par la contemplation, il le faut adorer par la soûmission, il le faut servir par la fidelité aux devoirs de nôtre état ; car ce n'est point en speculation que l'on observe la Loy ; c'est une charité active que Dieu

nous demande, & la foi
cette Divine vertu qui
nous le fait adorer, ne se
contente pas de la soû-
mission de nos lumieres,
elle veut encore des œu-
vres d'une charité agis-
sante, & que le bras se-
conde le cœur. C'est pourquoi point de repos pour
une ame chrétienne : son
travail doit commencer
avec sa raison, & ne finir
qu'avec sa vie, & toute
la perfection ne consiste
qu'à le commencer avec

joye, à le continuër avec courage, & à le finir avec amour. Quand cet amour qui est le fondement de la Loy a penetré le cœur de l'homme, toute la severité de la penitence, toutes les rigueurs paroissent, douces pour son desir, toutes ses obligations vers Dieu sont remplies avec une ardeur sans mesure, son zele n'obmet rien de ce qui peut concourir à la gloire de son Dieu, & son prochain par

une effufion de cette mê-
me charité eft cherché a-
vec foin en quelque lieu
qu'il fouffre, eft fecouru
avec promtitude quelque
befoin qu'il endure, & eft
confolé avec douceur,
conformement à fon état.
Le méme zele qui l'éleve
à Dieu par amour, qui
l'unit au prochain par
charité, l'abaiffe auffi jufqu'à lui-méme par une hu-
milité profonde, & lui
fait voir le néant & le peché qui lui font propres.

Dans la vûë de ſes miſéres
il conçoit l'éloignement
où il eſt des grandeurs de
la Divinité , & ſe fortifie
dans la foi , qui lui fait
adorer cette immenſité
qu'il admire , il examine
ce que c'eſt que le néant
qui le compoſe, & la reflexion le conduit au mépris
qu'il ſe doit à lui-méme,
& à l'amour qu'il doit à
ſon Dieu. Voilà la ſitua-
tion où doit eſtre une ame
chrétienne qui fait pro-
feſſion de pieté , il ne s'a-

git pas de l'apparence
quand on se déclare en
public enfant des joyes de
l'éternité. Il faut être cir-
concis de volonté, & que
l'interest & l'amour pro-
propre écrasez pour ja-
mais par la force de l'a-
mour de Dieu, ne soient
plus capables de nous ar-
réter dans le chemin de
la vertu; que nous soions
comme l'Apôtre S. Paul
plus puissans que l'enfer
par la force de la charité.

Que chacun s'examine

sur ce modele de pieté &
se jugeant à la rigueur, se
confesse coupable devant
Dieu & s'avoüe criminel
auprés des hommes, &
que ce juste aveu fasse
naître en nous le plus
fort sentiment d'abnega-
tion dont nous soions ca-
pables, sans lequel nous
ne sçaurions jamais cher-
cher, suivre, ni servir
JESUS-CHRIST comme
il le veut & comme on le
doit.

LES

SPIRITVELLES

CHAPITRE V.

VNE femme qui se pique d'esprit est insuportable pour la societé, parce qu'il est rare d'en trouver de ce caractere qui ſoit exempte d'une injuſte prévention dont je vais faire le détail.

La plus coquette eſt moins charmée de ſa beauté que la moins ſpi-rituelle ne l'eſt de ſon ge-nie. C'eſt un mépris uni-verſel qu'elle a pour tou-tes les creatures, il ſem-ble qu'elle confonde l'hô-me avec les animaux du moment que ſa raiſon n'eſt pas accompagnée d'un bel eſprit, & elle vit dans un éloignement du

fens commun par la gloi-
re où l'éleve ce prétendu
bel efprit ; qui fait qu'elle devient autant infupor-
table aux autres, que les
autres luy paroiffent in-
fuportables à elle-méme.
Une femme que fes lu-
mieres aveuglent eft fi
loin de la verité qu'il ne
faut pas s'etonner fi les
plus fages la fuient & fi
les moins timides la crai-
gnent ; car elle n'eft capable que de donner de
belles couleurs au men-

songe & de faire le mal avec plus de subtilité. En voicy la raison. Une femme effleure les sciences & ne les aprofondit jamais. Elle reçoit l'éloquence naturellement & la met en usage sans se servir des regles qui nous asseurent de la suivre. Elle s'attache aux auteurs qui donnent le plus dans son sens, sans s'embarasser de choisir ceux dans le sens desquels il faut donner pour étre habiles. Elle noüe une so-

cieté de gens qui paſſent
pour gens d'eſprit, parce
qu'ils ſçavent mieux que
d'autres applaudir au de-
faut des grands & aux
erreurs des femmes. Elle
s'applique à cenſurer les
ouvrages, comme ſi la
cenſure n'étoit pas un
droit de l'excellence dont
le plus habille homme à
peine eſt capable. Elle
étudie ſes mots; car le
terme fait tout à la cho-
ſe auprés d'elle; toute l'é-
rudition ne ſçauroit lu

plaire sans politesse; parce
que la sagesse & la verité
n'est pas son étude, mais
la delicatesse & l'usage : &
pourveu qu'elle observe
une pureté d'expressions
qui l'exempte de pecher
contre les loix du beau
langage, elle se repose du
surplus & ne s'embarrasse
guere de penser comme
une autre pourveu qu'-
une autre ne parle pas
comme elle. Le desir qu'-
elle a de paroître habile est
un obstacle à le devenir;

car il faut beaucoup de
peines & de temps caché
pour acquerir un merite
éclatant & approuvé, &
les femmes aiment mieux
perdre le temps sans pei-
ne que de cacher la peine
& le temps pour acquerir
la vertu. C'est pourquoi
leur plus beau talent d'efprit est la conversation;
c'est-là où le desir, qu'elles ont de paroître, éclate,
& où elles répandent dans
chaque esprit quelque de-
faut du leur; car elles font

une courſe de genie dans
une aprés midy de temps,
elles paſſent de la doctrine
aux mœurs, de l'uſage à
l'opinion, du ſerieux à
l'enjoüement, du ſolide à
la bagatelle & elles trai-
tent en deux heures de
tous les interêts de l'Euro-
pe ſans en avoir connu
pas un ; on épuiſe les matieres ſans les avoir tou-
chées ; on offenſe la raiſon
en voulant raiſonner ; on
a un tiſſu de penſées qui
fourniſſent des mots pour

remplir le tems, & on se
contente en faisant cou-
ler quantité d'expressions
sur des choses inconnuës.

L'usage fait que la po-
litesse cache une partie de
l'ignorance & qu'un adu-
lateur satisfait & prévient
par son encens; on ne di-
stingue plus le flateur de
l'homme équitable; on se
repose sur une dangereu-
se aprobation, ne consul-
tant point la science qui
peut éclairer. Les fausses
lumieres, qui éblouissent,

font un ſi beau jour & ſi
facile que l'amour propre
prend ſoin de le conſer-
ver, & l'on ſe croit élevé
à des connoiſſances dont
à peine le nom ſe con-
ſerve dans la memoire.
Voilà l'uſage des fem-
mes ſpirituelles. Une
grande idée d'eſprit qu'-
elles ont dans l'imagina-
tion. Ce n'eſt point une
connoiſſance, une regle,
ni un ſçavoir, c'eſt une
idée; c'eſt à dire une ſpa-
cieuſe étendüe qui com-

prend toutes les grandes
choses. Un vaste lieu en
elles-mêmes, où elles
imaginent voir l'assem-
blage de toutes les dif-
ferentes beautez de l'es-
prit. Elles font un mé-
lange confus de tout ce
qu'elles sçavent, & cet
amas, de sciences impar-
faites, remplit leur cœur
aussi injustement que leur
esprit. L'opinion gâte la
volonté & le déréglement
du cœur fixe les erreurs
de l'esprit & ne lui per-

met plus de changer.

Quand une femme est
parvenüe à ce malheur,
il est presque impossible
de la conduire à la ve-
rité. Elle ne voit toutes
les choses de l'esprit qu'à
travers de son goût. Elle
condane ou elle approu-
ve selon que ce même
goût est flaté par le su-
jet qu'elle examine, &
puis elle regle la bonté
de son jugement sur le
jugement de ceux qui ont
trop de bonté pour elle,
&

& par cette injuſtice elle s'écarte de plus en plus de la verité; car ſes lumieres trompées par elle-même dans leur principe, la trompent toûjours dans leurs effets. Et le ſoin qu'elle ſe donne d'augmenter cette capacité erronnée ne ſert qu'à l'aveugler davantage.

Chaque image qu'elle aperçoit, chaque idée qu'elle ſe forme, chaque opinion qu'elle reçoit, ſont autant de nouveaux ob-

E

stacles à la verité qu'elle
se propose & qu'elle ignore. Et il arrive en elle
d'une suite necessaire qu'-
elle n'a plus les facultez
de l'esprit libres d'agir
qu'en faveur des faux
principes qu'elle a receu;
parce que l'esprit a des actions d'habitudes, il n'est
pas toûjours dans l'exa-
men où le doute le con-
serve, il passe outre quand
affermi sur l'opinion qu'il
a connu, examiné & re-
ceu, il se porte aprés dé-

terminement à tout ce
qui suit ou qui se raporte-
te au principe qu'il a
choisi ; & c'est ce qui fait
que les esprits sont si
differens & si asseurez
dans chaque caractére,
parce qu'ils ne font plus
que suivre une proposi-
tion aprouvée, qui regle
les differentes opinions
que les sujets fournissent.

Quand un homme qui
consulte la verité, croit la
trouver, il se fixe & se dé-
termine. Il ne sort plus

de ce point, il doute de
tout le reste & ne s'asseure
que par raport au point
qui l'a fixé, auquel il croit
la verité attachée & c'est
ce qui le rend juste dans
les suites en cas qu'il ne se
soit pas trompé dans son
choix; car il ne se détourne point de son premier
principe, il est toûjours le
même; c'est un sentiment
uniforme qui le conduit
sur toutes choses. Il connoît bientôt que le fruit
de sa peine est une lumie-

re sans ombre qui l'exem-
pte de toutes les taches de
l'erreur ; mais la même
raison qui fortifie ce bon
genie , fortifie aussi le
mauvais.

La stabilité est la suite
d'une opinion que l'on
aime, & les femmes qui
se déterminent avec bien
plus de facilité que les
hommes, sont plus sujet-
tes aussi à s'éloigner de la
verité, elles prennent parti sans raisonner, & n'ont
pas plûtôt suivi leur pen-

chant que ce même pen-
chant fait toutes leurs lumieres & les perpetüe dans
cette erreur de choix qu'-
elles ignorent plus que
personne. Elles manquent
par une vivacité qui les
fait déterminer sans refle-
chir, & cette premiere
faute où l'ignorance les
fait tomber est la source
de tous ces égaremens de
raison & de sens commun
qu'elles ont sur toutes
choses & qui les rend insuportables. Car elles ne

font pas les maîtreſſes de
ſe corriger ; leur connoiſſance ſeduite par l'opi-
nion ne ſe rend pas au
ſoin des amis, aux avis
des bons auteurs ; ni mê-
me aux premieres teiñtu-
res qu'elles ont de chan-
cher. L'habitude de l'opinion eſt plus forte que
toutes le paſſions enſem-
ble, il faut un effort ſur-
naturel pour ramener à la
verité un eſprit gâté par
de faux principes qui lui
plaiſent. Une femme de

qui l'esprit n'est pas juste, change les objets de nature & de place, il faut que la verité se tourne pour qu'elle la voie droite, car elle n'aperçoit rien qu'à travers des ombres qui la trompent & qui font qu'elles trompent les autres, parce qu'elle insinüe ces fausses lumieres & se sert de couleurs vives pour les faire sentir aussi justes qu'elle les conçoit.

Les hommes sont exempts de cet écüeil;

mais les autres femmes de
qui l'aveuglement fait
chercher les lumieres, s'a-
veuglent davantage en
voulant s'éclairer, & tombent dans le piege des spirituelles qui est de s'admirer en se trompant & de
tromper ceux qui les ad-
mirent. Leur connoissan-
ce confuse, la facilité qu'-
elles ont à se porter aux
choses élevées & le desir
de paroître habiles font
les causes de leur igno-
rance, & se font des obs-

E v

tacles qui leur rendent la
science beaucoup plus ne-
cessaire & plus facile.

LA
SCIENCE.

CHAPITRE VI.

L'Esprit est de tout sexe. L'ame est un être spirituel également capable de ses ope-

rarions dans les femmes
comme dans les hommes.
Et si les hommes sont des-
tinez à des emplois labo-
rieux pour lesquels il faut
de la science & de l'aplication, les femmes que l'u-
sage a exclües de ces em-
plois avec justice, leur delicatesse ne permettant pas
qu'elles en pussent soûtenir le poids, ne sont pas
exclües de l'erudition. Car
la science est necessaire à
tout le monde & ceux qu'-
elle gâte, le seroient beau-

coup plus de leur igno-
rance qu'ils ne le font par
fes lumieres. Si un demi
fçavant prend de la vanité
pour peu de chofes, un
ignorant en prend pour
rien, & celui qui eft capable de fuperbe fans rien
fçavoir , fe croiroit un
ange s'il fçavoit quelque
chofe. Tout ce qu'il a-
prend contribüe bien
moins à fa perfection
qu'à fon orgüeil ; c'eft
pourquoi la premiere
marque d'une perfonne

habile eſt avant que de
rien ſçavoir, de ſçavoir
bien qu'elle ne ſçait rien
& de deſirer ſçavoir beaucoup.

Quand ces diſpoſi-
tions-là ſe trouvent dans
une perſonne qui veut ſe
donner une aplication ſe-
rieuſe & prendre l'étude à
cœur, elle s'aperçoit bientôt, par le plaiſir qu'elle
prend dans la peine qu'elle ſe donne, de la neceſ-
ſité dont eſt la ſcience
pour ſa perfection. C'eſt

pourquoi quelque labo-
rieuſe que ſoit l'étude elle
ne s'en rebute point, pourveu qu'elle s'inſtruiſe elle
eſt contente. Eſt-il rien
de plus capable de ſatis-
faire l'eſprit que de luy
donner les moiens de s'aſ-
ſurer ſur ce qu'il penſe
& de deliberer ſeurement
dans ſes opinions ? Entre
mille idées confuſes qui
ſe préſentent à luy ſur un
même ſujet, démêler ſans
ſe tromper la plus juſte
& la plus raiſonnable, ne

point confondre le vrai
& le faux & par des prin-
cipes qui le reglent, se
mettre à l'abri de l'erreur.
Qu'elle joie de voir le partage de tous ces bons sentimens quoique opposez
que les anciens ont lais-
sez pour modéle, & de
s'exercer l'esprit sur les
tresors des plus beaux esprits du monde. Avoir la
liberté de choisir dans des
sentimens parfaits celui
qui nous est le plus agreable & faire de l'antiquité

la plus éloignée un plai-
sir toûjours nouveau pour
nôtre imagination , pou-
voir contribuer à regler
sa conduite en satisfai-
sant sa curiosité , & mettre par l'intelligence de
nos ancétres un ordre à
nos pensées & à nos dif-
cours aussi juste que la
raison en met à nos ac-
tions.

Franchement celuy qui
néglige la science est bien
prés d'abandonner la rai-
son, & du dégoût des jus-

tes regles de la Philoso-
phie, il n'y a pas loin à
la perte du sens com-
mun. Car le moyen d'étre
habile par ces vapeurs de
vivacité qu'un sang boüil-
lant donne dans certai-
nes occasions, où la dis-
position des organes, join-
te à la passion qui nous
anime, nous fait trouver
de bonnes choses, les ex-
primer justes & qui ju-
geroit de nous sur cet
essay, nous croiroit doc-
tes, pendant que nous

n'avons encore que les moiens de le devenir. Non ! on a beau avoir le plus beau naturel du monde, il faut les couches de la science pour en faire un portrait aimable & quelque bel esprit dont la nature nous ait favorisé, il n'est jamais naturellement tout ce qu'il peut être avec les sciences. Quelquefois même un sçavant d'un genie fort inferieur est capable de l'effacer sans ressource;

parce qu'il eſt vray que celui, qui n'a pas des rè- gles ſeures pour l'action de l'eſprit, échape la ve- rité auſſi facilement qu'il la trouve, le tout par hazard. C'eſt pourquoi les femmes qui ſont plus capables par la vivacité qu'elles ont à s'élever aux choſes les plus ſublimes, & plus ſujettes par le chan- gement à quitter la ve- rité quand elles l'ont une fois atteinte, ont plus beſoin de ſciences que tout autre pour élever leurs lumieres avec ordre & les fixer avec affeurance. Il faut chercher le plan d'érudition le plus approuvé, s'arréter à fes régles pour conduire nos connoiffances & lorfque par des maîtres que tout le monde approuve on s'eft inftruit fur toutes chofes, il ne faut pas croire en fçavoir affez. C'eft ignorer le point de la fcience parfaite que de fe repofer dans le chemin

de la verité ; à peine la vie
d'un homme fuffit - elle
pour fçavoir ce qu'un en-
fant ne devroit pas igno-
rer ; on fe laffe au lieu de
s'animer , la vanité nous
fixe & fouvent une apro-
bation nous fait negliger
par orgüeil le travail de
nôtre perfection. Nous
en demeurons à ces pre-
mieres teintures du fça-
voir & fans nous échauf-
fer du defir que les lumieres de l'efprit ont droit
d'infpirer, nous en de-

meurons au point des de-
my sçavans, qui est de
paroître beaucoup. Ce-
pendant il est peu de ces
genies élevez, de ces es-
prits au deſſus du com-
mun qui tombent dans
cette non-chalance, un
mouvement plus noble
les enleve à la vanité &
ce qu'ils sçavent, leur
sert d'éguillon pour a-
prendre. Vous les voyez
quoique fixes aux senti-
mens des meilleurs au-
teurs s'inſtruire avec tous

les autres & fans fe broüil-
ler par la diverfité des opinions , s'affermir dans la
plus jufte qu'ils ont pré-
feré & faire fervir toutes
les oppofitions à la gloire
de la verité. Pour fçavoir
beaucoup, il faut s'aimer
peu & ne fe point con-
fulter , l'amour propre
s'oppofe à la peine & l'opinion à la verité, tout nous
doit étre fufpect, quand
c'eft nous qui l'inventons
& qui le jugeons. Je ne
dis pas qu'il faille fe foû-

mette

mettre à toutes sortes de jugemens plus facilement qu'au nôtre ; mais le nôtre nous doit toûjours faire trembler dés qu'il n'est pas directement cóforme aux anciens & aux modernes d'une excellente raison. C'est pourquoi vous voïez que ces personnes élevées, ces esprits subli- mes qui se portent aux choses merveilleuses avec facilité, consultent tout, s'instruisent sans cesse & s'aprouvent peu. A quel-

que degré que l'on porte
la science en general ou
en particulier, quand on
seroit le premier dans tous
les Arts ensemble, & que
par l'excellence d'un esprit
angelique on auroit sur-
passé les connoissances
humaines, on ne verroit
que mieux le peu de cho-
ses dont l'homme est ca-
pable, & la vraie humi-
lité est la plus infaillible
preuve qu'un homme est
sçavant; on doit tout ap-
prendre pour se connoî-

tre mieux, & pour s'ef-
timer moins & par une
aplication perpétuelle, il
faut s'inſtruire des grandeurs de Dieu en qui ſeul
eſt la veritable ſcience
de toutes choſes & la
plénitude des connoiſ-
ſances éternelles.

LES
ECONOMES.

CHAPITRE VII.

UNE des plus loüables vertus des femmes leur sert aujourd'huy de prétextes à
tolerer un vice affreux,

& l'économie si necessai-
re dans les familles pour
empécher la dissipation
des biens, cache aujour-
d'huy l'avarice qui fait
usurper celui d'autrui; on
ne conte plus ce qu'il faut
dépenser pour le necessaire, mais ce qu'il faut é-
pargner pour le superflus;
car il n'est point de su-
perflus plus manifeste que
celui d'un argent caché
qui ne sert ni à autrui, ni
à nous même & qui ne
porte d'autre interêt qu'-

un amas de colére & de
reprobation pour l'éter-
nité. Une femme, à qui
la galanterie & la vanité
n'ont point touché le
cœur, doit aprehender
l'interêt, & il est bien rare qu'elle s'exempte d'aimer les richesses lorsqu'elle méprise l'ambition. Le
temperament qui la porte
à mener une vie cachée, la
porte à cacher son argent,
& tout l'amour qu'elle té-
moigne pour les choses
raisonnables n'est effecti-

vement que pour le bien.
Une femme avare revêtüe
du titre d'econome, est
d'une vigilance, d'une justesse & d'une lumiere mer-
veilleuse. Rien ne pré-
vient ses soins, rien ne sur-
prend son exactitude, rien
n'échape à ses connoissances. Comme son desir
l'inquiere, elle prend
moins de repos qu'une
autre ; comme la crainte
qu'elle a de perdre, la fait
examiner toutes choses de
prés, elle ne dépense rien

d'inutile, & sa vivacité lui
fait voir dans sa maison
tout ce qui s'y fait sans
rien obmettre, & même
ce qui ne s'y fait pas; car
sur la fausse opinion qui
la préoccupe, elle s'imagine souvent ce qui n'est
point; cependant sa vigi-
lance la fatigue, son exactitude l'afflige & ses lumieres la trompent; elle se reproche la paresse, la facilité, l'aveuglement sans
songer à l'avarice qui est la
seule chose qui la trouble

& qui lui fait prendre mille peines qui n'ont de fruit
que le peché. Ce n'est pas
ce tourment perpetuel
qu'une femme se donne,
qui fait la femme écono-
me; on le peut être sans
mouvement & souvent
une femme turbulante en
épargne moins qu'elle
n'en perd. Combien voit-
on de celles qui retran-
chent du necessaire, qui à
force de dépenser peu, se
mettent en état de ne dé-
penser rien, & risquent

tout dans l'esperance d'un
gros gain. Ce n'est plus le
tems de la vertu ; on porte toutes choses à l'extremité ; si on dépense, on est
prodigue ; si on épargne,
on est avare. Une femme
que l'avarice aveugle est
bien plus à plaindre qu'-
une autre ; car elle est in-
corrigible. Des autres crimes on se reconnoît cou-
pable, & de celui là on s'a-
prouve dans son peché.
L'endurcissement en est
inseparable, parceque l'u-

sage, la raison, la prudence, la necessité même nous
engagent à l'économie, &
de l'économie à l'avarice
il n'y a qu'un pas ; on ne
croit jamais l'avoir fait.
Un juste est aussi rare dans
la loi nouvelle qu'il l'étoit
dans la loi ancienne. L'on
a bien de la peine à se tenir
quand le pas est si glissant ;
mais c'est au triomphe de
ce vice aprouvé que je
veux conduire les femmes
du siécle ; je voudrois bien
leur ôter l'esprit de ména-

ge du fond de leur cœur,
retrancher cette activité
de leurs actions qui fait
voir de la passion dans les
soins qu'elles se donnent;
je voudrois qu'une lege-
re perte impreveüe ne sur-
prît jamais jusqu'à fâcher,
que ces petites portions
de bien que mille inci-
dens retranchent, ne re-
tranchassent rien du re-
pos. Il seroit agreable de
voir une femme sage &
reglée, toutes celles qui se
piquent de l'être, n'ont

d'autre merite que de la finesse à acquerir de la fermeté pour conserver & de l'apprehension pour perdre; on les voit emploier tous les ressorts de leur esprit à trouver des moiens d'augmenter leurs revenus, se donner toutes les peines imaginables pour conserver ce qu'elles possedent ; & se chagriner jusqu'au desespoir dans la veüe des dépenses d'obligation & des malheurs qui peuvent ar-

river. Si bien que le tems
passé fait leurs regrets, le
present leurs chagrins &
le futeur leur crainte.
Tourmentées par le cœur
& par l'esprit, elles n'ont
des yeux que pour la for-
tune; tout ce qu'elles font
est par raport à elle, &
jusques aux œuvres de pieté même font interessées
dans l'intention. Elles es-
perent de leurs prieres la
prosperité de leur maison.
Et cela est si vray que
lorsque les devoirs de la

religion s'opposent à ceux
de leur économie ; on re-
tranche un peu des pre-
miers, pour ne rien ôter
des seconds, & on ne se
fait pas scrupule en fait
de ménage de prendre
soin de sa maison, avant
que d'en prendre de son
salut. Le calme d'une
conscience avare est un
état digne de compassion,
aucun trouble ne la ré-
veille de cette letargie
d'interêt qu'elle accorde
avec sa raison, quelque-

fois même elle rend grace
à Dieu de cet état funeste,
comme d'un don de sa
misericorde, le remerci-
ant souvent moins du
bien qu'il lui à donné, que
de l'amour qu'elle porte
à ce bien qu'elle a receu;
car la réflexion que sa
charité lui fait faire à la
veüe d'un malheureux
dans l'indigence n'est autre, que la resolution de
bien conserver ce qu'elle
a, crainte d'y tomber. Une
femme avare cherche par

tout quelqu'un plus ava-
re qu'elle, afin de le prendre pour modéle & le don-
ner pour exemple : & la
suite de ce soin est de fixer sa perfection à porter
l'avarice jusques au der-
nier excez, & à l'exercer
sur toutes choses dans son
domestique, retranchant
une partie du necessaire,
ne donnant de nourriture
que ce qu'il en faut pour
faire languir & non ce
qu'il en faut pour vivre,
se refusant à soi-même

tout ce qu'elle pourroit
accorder aux autres sans
se faire tort & menant une
vie miserable sous ce prétexte honnête de l'écono-
mie. Prétexte qui la trompe en abusant les autres
& qui lui fait faire des
choses honteuses dont el-
le tire gloire en secret, se
loüant en elle-même de
mille lâchetez qui lui é-
pargnent quelque argent
& qui lui coûtent plus
d'honneur qu'elle n'a de
de bien. Point de raisons

ni de Christianisme quand
il s'agit de son propre interét. Elle oublie les droits
du sang, de l'amitié & de
la reconnoissance dés qu'il
s'agit de l'utilité & que la
fortune est intriguée dans
l'affaire. Elle ne se souviét
point de tout ce qu'elle
doit faire, mais de tout ce
qu'elle doit avoir, & l'interét seul juge toutes ses
affaires & regle toute sa
conduire. Une femme
économe ne fait bon vi-
sage à ceux qui vont chez

elle que par raport au profit qu'elle en tire. Le droit
d'aînesse de bienveillance
& d'amitié est toûjours
pour le plus heureux de
ses enfans. Sa douceur
dans son domestique est
pour celuy qui lui coute
moins quoiqu'il serve plus
mal qu'un autre. Et sa dis-
tinction parmi ses amis,
est en faveur du plus opu-
lent, parce qu'il ne sçauroit étre à charge & qu'elle se promet de son credit
& de sa faveur des ser-

vices, dont elle exprime la grandeur par la civilité qui les cherche, & dont elle marque la petitesse par l'oubli qui les suit. Voilà la source & le principe de l'économie d'aujourd'huy qui a befoin de la regle pour se corriger. Elle suit ce chapitre.

LA

REGLE.

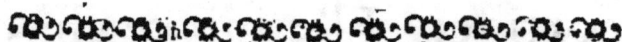

CHAPITRE VIII.

L'Ordre est si necessaire que les Monar-chies, les Re-publiques, les Commu-

nautez, & les Maisons
particulieres ne subsiste-
roient pas long-tems si la
Regle qui s'y observe n'é-
toit la source de cette re-
gularité de mœurs & de
cette économie de dé-
pense qui s'y pratique.
C'est la regle qui main-
tient le repos, la santé &
la fortune; on ne se trouble point de mille inquie-
tudes, quand on regle ses
affaires & son tems; on
ne s'oppose point à la
bonté de son tempera-

ment quand on prend le
sommeil & le repas avec
modération & l'on n'é-
puise pas sa bourse quand
la regle fixe les dépenses.
Cette regle équitable ne
permet pas d'aller plus
loin que ses forces quand
on la consulte de bonne
foy; on met bon ordre
à son état & il est rare
de mourir chagrin, in-
firme ou pauvre quand
on l'a toûjours pratiquée:
elle est cette vertu qui
concilie l'autorité & la
licence.

licence, l'avarice & la pro-
digalité & qui par l'apro-
che de ces deux choſes op-
poſées, fait une bóne choſe de deux mauvaiſes &
empêche l'excés où ces vices differents portent chaque particulier ſelon ſon
temperamment. Elle n'eſt
pas ſeulement neceſſaire à
chaque famille, à chaque
perſonne; mais encore à
chaque choſe que nous
faiſons. Il eſt bien difficile qu'un don, un achat,
un paiement ſoient bien

G

faits, s'ils ne sont selon la
regle, qui prescrit d'achet-
ter les choses ce qu'elles
valent, de paier ce qu'on
doit & de donner ce qu'on
a, afin qu'une équité particuliere de chaque œuvre
rende la masse de nos ac-
tions juste & le cours de la
vie heureux; car le con-
sentement le plus par-
fait est celui de la tranquilité de l'ame & cette joie
complette ne sçauroit subsister où regnent le crime
& le vice, & c'est le parta-

ge d'une conduite déré-
glée la haine des bonnes
chofes & l'habitude des
mauvaifes. L'excez eft la
feule chofe qui plaife à un
efprit où la raifon ne domine pas: & la raifon eft
trop amie de la regle pour
refter compagne du vice,
elle le chaffe ou il la dé-
truit; c'eft un combat qui
ne dure guere, car le plus
fort l'emporte & le plus
fage s'en fuit. Le vice en
ufe en tyran & la raifon en
victime, & la fuite de ces

mouvemens paſſionnez
eſt un remords cauſé par
le crime ou par le mal-
heur. Le déreglement
n'éloigne pas moins une
ame de la juſtice & de
l'honneur que de la vertu;
car un eſprit ou un cœur
qui ſe laiſſe emporter par
la violance du penchant
qui ſoûmet ſa connoiſ-
ſance & ſa volonté aux
plaiſirs de ſon inclina-
tion & qui ne regle ſes
actions que par les mou-
vemens du déréglement,

que fait-il par ce defor-
dre univerfel ? finon de
communiquer à toutes
ces affaires les malheurs
de fon ame & de fe fai-
re une confufion dans
laquelle il confond la
voie de la verité avec le
chemin du menfonge &
s'égare de nouveau par
le déréglement d'une re-
flexion qui l'afflige. Il n'eft
plus capable de cet heu-
reux retour du peché à
la grace, du trouble au
repos, il lui faut des con-

seils étrangers pour regler
ses propres affaires & il
est moins habile sur ses
interêts, lui qui les sçait,
que celui qui les ignore.
La source de ce desor-
dre est d'avoir abandon-
né la regle qui fixoit ses
devoirs & d'avoir don-
né dans des passions qui
dérégloient sa conduite
& sa maison. Ce déré-
glement perd les uns par
l'abondance, & les au-
tres par l'avarice. Les
hommes sont sujets à ce

premier défaut ; ils s'a-
bandonnent aux joies de
ce monde & sans reflexion
donnent à leurs plaisirs
tous les moyens de leur
fortune. Quelquefois ils
trouvent ces mêmes plai-
sirs dans des dehors pom-
peux d'un éclat imaginai-
re, & quoiqu'il en coûte
à la conscience & à la
bourse ils n'épargnent
rien pour dérégler l'état
de leur équipage en au-
gmentant leur train &
leur ambition. Pour les

femmes à qui l'efprit d'a-
varice eft naturel, leur
déréglement eft bien dif-
ferent. Elles n'augmen-
tent rien chez elles que le
vice. Leur épargne leur
fait retrancher toutes chofes; & leur regle confifte
dans des diminutions per-
petuelles dont la pratique
leur devient coûtume, &
pour changer leurs maxi-
mes, c'eft en vain que
la regle crie par toute
leur maifon. Rien ne les
touche, un malade mal

foigné , un enfant mal
vêtu, un valet mal paié
& mal nourri, tous ces
déréglemens n'ont point
d'effet fur leur opinion.
Elles mêmes fouffrent de
leurs épargnes & croient
en devoir fouffrir ; &
pourveu qu'il ne fe dé-
penfe rien de fuperflus,
deut-on retrancher la dé-
penfe neceffaire, tout paroît bien reglé pour el-
les. Ce ne font pas là les
loix qu'une regle équita-
ble veut que l'on obfer.

G y

ve ; si elle défend l'excez,
elle ne défend pas moins
l'épargne ; si elle abolit
les festins, elle ordonne
les repas & quand elle retranche les mets super-
flus ; ce n'est pas pour
ôter les alimens necessai-
res ; si elle s'oppose à la
magnificence, elle est a-
mie de la propreté & son
principal ordre est de borner chacun à sa condition
& de permettre tout ce
qui se peut faire sans sor-
tir de son état.

Reglez vôtre vie fur
celle de JESUS CHRIST
& vôtre charité pour les
pauvres, moins fur ce que
vous avez receu de biens
que fur ce que vous avez
receu de grace, & fi la regle vous étoit inconnüe
elle vous fera bientôt fa-
milliere par ce moyen.

G v

LES

IOVEVSES.

CHAPITRE IX.

E jeu est une
dágereuse paf-
sion, quelque-
fois il fait per-
dre en un jour, plus qu'on

ne peut dépenſer en une
année, & la maiſon la plus
riche & la mieux reglée
ne ſçauroit tenir contre
la diſſipation d'une joüeu-
ſe, qui pour ſon plaiſir
perd ſon repos, & à qui
le jour entier ne ſuffit
pas pour ſes parties, il
faut encore que la nuit
s'en mêle & que toute ſa
vie ne ſoit qu'un tiſſu
de jeux perpetuels. Une
femme à qui un mau-
vais naturel a donné cette
inclination, à qui l'habi-

tude a fortifié le penchant & qui s'en est fait une coûtume, n'a point d'autres desirs, neglige tout autre soin, & par une préoccupation passionnée se fait une loi, un honneur & une regle de son jeu. Elle en consulte les devoirs & les remplit parfaitement: elle en suppute les dépenses & y fournit entiérement: elle en approuve les ordonnances & les observe réguliére-ment. C'est pourquoi on

la voit rarement aux Egli-
ses, aux visites de bien-
seance, ni chez elle. Elle
renonce par la profession
de jouëuse à la pieté, à
l'honnéteté & à la regu-
larité, elle ne sçauroit
fournir aux obligations
de tous ses devoirs quand
sa passion lui en impose
d'autres, qui sont si pres-
sans, si actifs & si conti-
nuels, qu'il ne lui reste
du tems, du goût, ni de
l'amour pour rien autre
chose. Elle ne hait les au-

tres divertiſſemens que
par l'amour du jeu. Elle
n'épargne toutes choſes
que pour la dépenſe du
jeu, & ce n'eſt qu'à ces ta-
bles qui cauſent la perte
du bien, en donnant l'a-
vidité des richeſſes, que
toute la joie de leur ame
ſe répand avec profuſion:
Le divorce que l'interét y
fait naître par les diſputes
n'eſt qu'un ſel pour réveil-
ler leur avidité. Leur cole-
re eſt amie de leur joie, elles ne s'emportent que

pour se tranquilliser, elles
ne se tranquillisent que
pour s'emporter plus sou-
vent. C'est dans ces mou-
vemens opposez qu'elles
trouvent leur santé & leurs
plaisirs & on ne les voit
jamais plus contentes que
dans le tumulte des acade-
mies, où l'interét, l'avarice & la traison regnent
dans un nocturne empire.
C'est là où leur passion se
fortifie, leur bourse se vuide & leur vie s'écoule. C'est
là où une femme perd tou-

res les idées de la vertu &
où mille passions honteu-
ses se glissent sous le voile
de cette passion publique;
on y donne des rendez-
vous pour la volupté aussi
bien que pour l'interét.
Ces assemblées criminel-
les favorisent le demon de
l'impureté autant que ce-
lui du blasphême. La fu-
reur & la débauche s'y
trouvent & parmi cette es-
froiable societé une hon-
néte femme se pique de
tenir sa place & se fait une

reputation dans le monde
d'ètre du nombre de celles
qui joüent. Il ſemble mè-
me qu'elle tire gloire des
malheurs qui la puniſſent
publiquement de ſon de-
ſordre. Car elle ſe vante
hautement des pertes qu'-
elle a faites, elle s'en veut
faire un merite pour s'en
conſoler & ne ſonge ja-
mais que ce ſuperflus, qu'-
elle abandonne au ſort, eſt
un dépôt que la provi-
dence lui a confié pour
le ſoulagement du pau-

vre. Mais comment l'in-
terêt de sa religion & de
son prochain seroit-il capable de la toucher &
de guerir sa volonté,
puisque des raisons plus
sensibles quoique moins
fortes ne font aucun effet
sur son cœur. Sans se
borner au superflus, elle
dissipe son necessaire & la
veüe d'un mari chagrin,
de plusieurs enfans mal-
heureux, d'une maison
ruinée & de tous les maux
où elle s'expose, ne suffit

pas pour la rendre sage. Il
faut que la pauvreté la
bannisse plûtôt du jeu,
que la raison ne bannit
le jeu de son cœur, &
qu'elle soit la risée de tout
le monde avant que de
le quitter. Quel aveugle-
ment, qu'elles tenebres,
les passions répandent
dans une ame? Elle igno-
re jusqu'aux maux qu'elle
souffre & quand elle ne
peut plus guerir ses pas-
sions ni les satisfaire,
c'est alors qu'elle exami-

ne ſon état; & l'impoſ-
ſibilité où elle eſt de continuer ſa mauvaiſe con-
duite la lui fait connoî-
tre; elle voit un nom-
bre de malheurs cauſez
par une ſeule paſſion,
elle apperçoit les ſuites des
mouvemens déréglez du
cœur, mais cette con-
noiſſance ne l'éclaire qu'à
demi, elle hait les effets
dont elle aime encore la
cauſe & ſon plus grand
regret n'eſt pas d'être mal-
heureuſe, mais de ne pou-

voir plus se la rendre, &
d'étre reduite à connoî-
tre un mal qu'elle aime
toûjours. Car enfin nous
voions bien des gens revenir de l'exercice du jeu,
mais nous n'en voions
point revenir de l'affec-
tion qu'ils lui portent; on
cesse de joüer, on ne cesse
pas d'aimer le jeu & ce
fond d'injustice qui nous
reste, se garde pour re-
nouveller sa fureur à la
premiere occasion qui se
presente & pour nous ar-

racher le peu que la pro-
vidence nous renvoie ; on
en voit qui se tourmen-
tent & se donnent des
peines infinies & tout le
fruit de leur labeur est im-
molé sur une carte. Ils
travaillent un mois pour
joüer une heure & leur travail est aussi coupable que
leurs plaisirs ; ne faisant
l'un que pour l'amour de
l'autre & cette préoccupation les rend également
passionnez dans tous les
momens de leur vie. Si

une

une femme Chrétienne
fçavoit l'extremité où
conduit cette paſſion &
la difficulté d'en ſortir
quand elle s'y engage; on
ne la verroit pas ſe per-
mettre ce dangereux exer-
cice & regarder comme
coupables tous les autres
divertiſſemens, pendant
qu'elle ſe tolére celui-là
comme innocent. C'eſt la
plus ſeduiſante paſſion,
parce que ſon commen-
cement eſt approuvé de
tout le monde, elle n'eſt

H

blâmée que dans son der-
nier excés & personne ne
croit y arriver. Son regne,
qui commence sous pré-
texte de recréation, s'ac-
croit si imperceptible-
ment que souvent ce
plaisir devient necessité &
d'une heure que l'on y
emploie, on y passe tou-
te sa vie & ce trajet de passion on le fait sans qu'on
y pense & on y pense en-
core moins quand on l'a
fait. Car le tems s'y écoule avec tant de facilité

que faute de s'en apercevoir la perte est sans ressource, le terme de la vie finit & l'éternité commence. Ce grand tissu de jours se trouve achevé sans que la vertu ni l'occupation en ait rempli le cours & de tant de momens dont nous étions les maîtres, il n'en reste plus qu'un pour regretter les autres. Ce dernier a une plénitude de lumiere pour nous punir, sa petite espace renferme l'idée de

toutes les autres, & la
veüe de cette infinité de
momens paſſez, nous fait
ſentir l'éternité des ſiécles
à venir, pendant leſquels
nous répondrons de cha-
que minute de nôtre vie.
Si tous nos inſtans ſont
contez, combien les de-
vons nous ménager pour
nôtre perfection, & ſi
toute la vie doit être une
priere perpetuelle, fai-
ſons que les momens où
nous ceſſons d'être élevez
juſqu'à Dieu ne ſoient pas

des momens d'oifiveté,
mais que l'occupation les
rend eu tiles & vertueux &
que le tems ne foit jamais
inutile pour le falut.

L'OCCUPATION.

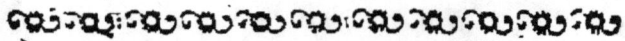

CHAPITRE X.

'Oisiveté est de toutes les inclinations naturelles la plus mauvaise & la plus dangereuse. Elle conduit à tout ce qui est de plus imparfait & de plus cri-

minel. Et il est rare qu'une
personne née avec cette
malheureuse disposition
ait beaucoup de raison &
de vertu ; c'est ce qui fait
que l'occupation est si necessaire à tout le monde,
il ne faut pas qu'il y ait
un moment de vuide dans
la vie d'un honnête hom-
me ni d'une femme sage.
C'est pourquoi non-seu-
lement une femme rai-
sonnable doit remplir ses
devoirs, il faut qu'elle
remplisse son tems & que

tous ses momens pesez au poids du Sanctuaire soient des momens pleins, qu'elle commence son travail avec sa vie, que sa vie soit une action continuelle pour la gloire de son Dieu & que si les differens âges, qui la composent, en changent les occupations, que ce ne soit que pour les rendre plus vertueuses, plus nobles & plus étendües; qu'on ne voie jamais une femme Chrétienne déga-

gée de soins. La providence lui a imposé un perpe-
tuel travail aussi bien qu'-
aux hommes, en lui laif-
fant celui de son salut : il
lui faut pour le remplir
une vigilance zelée qui la
retire du funeste repos de
l'amour propre. Il faut
être animé qand on est
convaincu , & l'on ne
manque guere de coura-
ge, quand on ne manque
point de foi ; c'est le
fond du cœur qui est
gâté , & ce fond de cor-

H v

ruption est la source de cette vie mole que menent les femmes du siécle. Si la religion étoit cruë, elle seroit pratiquée, mais on la professe sans la connoître, on la connoit sans la croire, on la croit à demi sans la pratiquer & cette multitude de desordres rend l'ame tiede pour les choses de l'éternité. Il ne faut pas se surprendre si une femme qui n'a pas plus de religion qu'une autre a plus

d'amour propre qu'il n'en
faut & si elle cherche le
plaisir plûtôt que l'occupation.

L'oisiveté est la voie du
crime & de la volupté, &
s'il est plus difficile de plaire aux hommes qu'à Dieu,
il est plus facile aux femmes de chercher à plaire
aux hommes que de faire
toute autre chose. Ce de-
sir les entretient dans une
vie sans action, & pour
rectifier ce penchant malheureux qui les porte au

monde, il faudroit que le
cœur fut touché d'une
onction divine & que la
grace fit un effet extraor-
dinaire en leur faveur.
Mais cette grace n'agira
point sans elles, il faut
concourir à sa vertu divine, il faut commencer sa
conversion si ce n'est en
quittant d'abord le crime,
c'est en quittant l'oisiveté,
cause premiere de toutes
les passions qui nous ren-
dentcoupables. C'est pourquoy point de divertisse-

ment, point de repos, que
la priere commence &
finiſſe le jour, il ne s'agit
pas ſeulement de travail-
ler, il faut travailler pour
Dieu. On ne ſe laſſe ja-
mais quand l'intention
nous anime, & le moïen
d'agir efficacement & con-
ſtament eſt de ſonger que
le tems eſt la voie de l'é-
ternité, que ſa perte eſt
irreparable & que de s'a-
muſer dans la voie du
tems, c'eſt s'éloigner du
chemin de la vertu. Ce

même tems est d'une du-
rée infinie, lors qu'il faut
souffrir dans ses espace; il
est d'une promtitude
inexprimable; quand le
plaisir en remplit les momens; mais pour ceux
qui ne le remplissent de
rien, il est ce vuide qui
comprend leurs desordres,
& qui attire leur condam-
nation. Terme court &
inconnu ! moment pré-
cieux & funestes, tems
de qui dépend l'éternité,
serez vous toûjours oublié

toûjours negligé & toû-
jours paſſé ſans utilité &
ſans vertu ; L'intereſt &
le plaiſir ſeront-ils ſans
ceſſe la cauſe de toutes les
démarches ; n'agira-to'n
que pour s'enrichir & pour
ſe ſatisfaire ? L'avarice &
la volupté regneront elles
toûjours ſouverainement
au fond du cœur ? Paſſe-
ra-t'on ſa vie à ſervir ſa
fortune ou à perdre ſon
bien & ne ſçauroit-on par
un genereux effort ſeparer
la volonté du penchant ;

satisfaire les besoins de la
nature sans contenter ses
desirs & régler ses momens
d'une maniere qui les
exemte du crime & de
l'oisiveté. Il n'est point
d'état qui n'aye besoin de
tout son tems pour en
remplir les devoirs, &
c'est autant d'instans vo-
lez à ces mêmes devoirs
que tous ceux qu'une fem-
me passe au jeu, n'y eut-
il que cette faute qui la
rende coupable, elle l'est
infiniment: si ce n'est pas

du mal qu'elle a fait c'est
du bien qu'elle a negligé,
& l'ômiſſion du bien n'eſt
pas moindre que l'œuvre
du mal, & c'eſt une veri-
té fort ignorée. On ſe re-
poſe ſur l'innocence appa-
rente de ſon oiſiveté; on
s'aplaudit comme ver-
tüeux; parce qu'on n'agit
pas comme criminel; &
dans le cours d'une vie
tiede condamnée par Je-
ſus-Chriſt on ſe promet
les recompenſes de l'éternité reſervées à ces violens

marquées par l'écriture
qui s'arrachent à tout &
qui agiſſent toûjours pour
la gloire du Seigneur. Zele
d'action , empreſſemens
vertueux , deſſein de la
providence , occupation
qui eſtes inconnüe aux
libertins & negligée par
les Sages ? Il n'eſt plus
tems de vous connoître
quand on ne peut plus
vous pratiquer : & l'on ne
peut plus vous pratiquer
quand il ne reſte plus que
le tems de vous connoî-

tre. On ne vous neglige
pas fans danger, puifque
l'on ne peut conftament
éviter le crime & confer-
ver la vertu que par vô-
tre fecours· Vous eftes fi
neceffaires à la vie chrétienne que celles qui veulent fe donner à Dieu de
bonne foi & renoncer
aux maximes du fiecle, ne
doivent pas nous quitter
un moment, il faut que
leur vie foit une occupa-
tion continuelle & que
leur temps foit rempli

188 *L'Occupation.*
afin que leur éternité
foit heureuſe.

LE
CARACTERE
DES
PLAIDEVSES.

CHAPITRE XI.

SI la tranquilité de l'ame & le repos du cœur est une felicité complete, le trou-

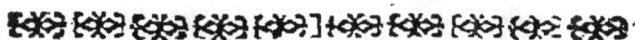

ble & l'inquietude conti-
nuelle doivent eſtre un
mal veritable ; & c'eſt le
partage de ceux qui plai-
dent & ſur tout des fem-
mes, qui plus ſenſibles à
tout ce qui les touche ,
que ne ſont les hommes,
s'inquietent , s'épouven-
tent, s'affligent & ſe troublent plus aiſément.
Quand leur intereſt bleſ-
ſé les porte à deffendre
leurs droits & que la ju-
ſtice d'accord avec leur
humeur, fait qu'elles s'a-

bandonnent à leurs pro-
pres affaires & se livrent
en proye au soin d'un
temporel qui les occupe
toutes. Vous les voyez sans
relache donner tout leur
tems, tous leurs soins,
tout leur esprit & souvent
tous leurs vrais biens, pour
en conserver d'autres dont
elles ne jouissent qu'en
speculation. Quand une
fois le cœur a pris goût
dans un interest disputé,
& que la difficulté a reveil-
lé le desir, que l'habitu-

de a commencé à fortifier
l'inclination, & que l'occasion offre une fortune
ou quelque offence qui
anime, le moyen de ne
pas plaider : on se fait un
plaisir d'anticipation ; on
conte sur ce que l'on sou-
haite, le desir asseure de
la possession , & sur ce
fondement on agit, on
travaille , on fait joüer
tous les ressors que l'imagination peut fournir
pour faire réüssir ce que
l'on projette ; on emploie

tout

tout pour un rien qu'on
s'eſt imaginé, & on ne ſe
reproche ni ſa faute ni
ſon ignorance, quand
tout nous fait confuſion.
Au contraire quand la
malice, l'injuſtice ou l'intereſt ont fait jour à une
femme dans la juriſpru-
dence & qu'elle commen-
ce à connoiſtre les voies
par où il eſt permis de
diſputer ſelon les loix humaines, elle s'aplaudit &
cette reſtriction de ſon
ignorance augmente, on

I

ajoûte la superbe à ses
autres deffauts; quelque-
fois même sa prévention
lui fait continuer des procés où son interest n'a
plus de part & elle plait
de moins pour gagner que
pour paroistre & pour
contenter sa vanité. C'est
une chose insupportable
qu'une femme qui sçait
le Droit par pratique &
qui par une discussion
d'affaires conduites selon
les régles s'est instruite de
cent differens tours de

chicane où elle s'eſt laiſ-
ſée ſurprendre & qui luy
ont encore moins fait perdre de biens que d'eſprit ·
car l'effet naturel du pr
cés eſt de renverſer
cervelle, ſi ce n'eſt par l.
folie ; c'eſt par l'entéte
ment, & les femmes ſou-
tiennent ce mouvement
d'eſprit par merveille. Le
trouble des affaires leur
ſert d'occupation & ce
qui les applique d'abord,
les divertit dans la ſuite.
Elles goûtent par une cer-

taine inclination secrette
qui leur est propre plus
de joye dans le divorce
que dans la paix ; c'est
pourquoy l'application
du procés est une occu-
pation agréable pour elles.
Elles nourrissent , elles
réveillent, elles conten-
tent toutes leurs passions
par ce moyen. L'interét,
la haine, la médisance,
l'amour propre, la volup-
té même y trouve son
conte. On cherche à plai-
re , on plaît, les charmes

ne font pas inutiles ; on
met tout en ufage pour
engager les Juges dans fon
interêt ; la beauté emprun-
te le fecours de l'art, l'efprit n'épargne rien de fon
fond pour piquer, pour
toucher, pour fléchir le
cœur du Magiftrat de qui
dépend l'affaire, & tout
ce qu'il en coûte à la verité, à la fageffe & à la
vertu, eft conté pour
rien pourvûu que l'on ga-
gne fa caufe. Cent crimes
que l'on ne fçauroit igno-

rer & commettre font at-
tachez à la pourfuite
d'une affaire; mais cent
autres que l'on ignore en
les commettant mettent
le comble au defordre
d'une ame & la rendent
coupable fans retour. Les
haines délicates que le
tems & l'éloignement a-
voient prefque enfevelies
dans un oubly éternel,
fe reffufcitent fous pre-
texte de quelque interêt
que l'honneur engage à
foutenir, & ce premier

pas, qu'une paſſion ca-
chée nous fait faire, ſem-
ble nous obliger à mille
autres démarches' crimi-
nelles. Pour faire croire
la verité que l'on avance,
on l'exagere juſqu'au men
ſonge; & pour détruire le
menſonge de ſes parties ,
on calomnieiuſqu'à leur
perſonne : & par le droit
que l'on a ſur quelque intereſt temporel, on prend
droit ſur toutes choſes &
on ſe promet de dire tout
ce qu'onſçait, d'impoſer ce

qu'onveut,& de tout faire
pour conferver ce droit,
qui n'eftfouvent qu'imagi-
naire. Le tems n'eft point
conté, les foins ne font
point negligez, l'argent
n'eft point épargné, la fan-
té n'eft point conferyée, &
l'ame n'eft point regardée.
C'eft le plus oublié que le
point du falut furl'article
d'un procés, furtoutaux
femmes qui prévenües par
l'envie, animées par l'interêt & fortifiéesparla haine,
ne démordent point de

leurs ſentimens. Les meil-
leures raiſons qui les condamnent, ne peuvent les
convaincre, ce qu'elles en-
treprennent en leur fa-
veur leur paroît toûjours
juſte, & rarement un pro-
cés ſe termine par accom-
modement, quand ce ſont
des femmes qui le pour-
ſuivent. Elles ſe font du-
ne affaire un tiſſu d'occupations & de plaiſirs, les
differentes ſituations de
l'affaire font un agrément
de nouveauté qui les dé-

dommage de leurs peines:
leurs passions s'y exercent
tour à tour, & la fin de
leur vie précede celle du
procés , leur entreprise
imparfaite est un regret
qu'elles emportent à la
place des vertus qu'elles
ont negligées , & le soin
de leurs procés en cette
vie va terminer l'affaire
de leur salut en l'autre.

Si une femme Chré-
tienne examinoit les en-
gagemens funestes où ses
soins la conduisent, elle

ne plaideroit pas avec
tant de facilité, la perte
du tems, l'éloignement
de Dieu, l'oubly de foi-
même, mille autres mo-
tifs rétiendroient fa vivacité intereffée & crainte de
perdre fon ame, elle ne
la rifqueroit pas pour conferver fon bien. Ce n'eft
pas feulement la vertu qui
s'efface, l'honneur, la
bienféance, l'honnêteté,
toutes les bónnes quali-
tez fe détruifent, où l'a-
mour du procés domine.

Plus de justice pour les autres, plus de respect pour les rangs , plus d'égard pour les âges, le seul amour propre fait tout oublier. On ne songe qu'à soi; on ne parle que de soi ; on accable tous ses amis de la préoccupation dont on est enivré , cette même préoccupation ôte la liberté d'écouter leurs avis , plus leur raison veut nous éclairer, plus l'ostination se fortifie : & en voulant nous aprocher de

la verité & de la justice,
ils s'éloignent de nostre
estime & nous negligeons
leur merite, parce qu'ils
nous découvrent nos dé-
fauts. Nous voulons être
flattez dans nos erreurs &
de toutes les erreurs la
plus dangereuse est celle
que l'on choisi, que l'on
examine, que l'on refle-
chi, qui nous entretient,
qui nous occupe, qui
nous trouble, qui nous
satisfait, qui nous flatte,
qui nous vange, qui nous

enrichit & qui nous du-
re en nous plaisant. Voilà
l'image du procés & tout
l'effet qu'il fait sur le cœur
d'une femme. Il ne faut
pas s'étonner des maux
qu'il cause, maisil faut
les prévenir, les éviter
ou les guerir. La paix en
a tous les moyens, c'est
elle qui sçait, qui peut &
qui fait le repos du cœur
& de l'esprit. Elle aprend
à conserver son bien sans
procés, ou à plaider sans
offenser Dieu.

LA PAIX

CHAPITRE XII.

LA paix est un bien que l'on cherche. On ne connoît pas les charmes qu'elle possede, quoyque l'on s'empresse pour les biens qu'elle procure & faute de sçavoir le prix de son repos, on ne trouve jamais le terme de sa perfection. Il faudroit être instruit de ses qualitez & de ses effets, de ce fond de beauté qu'elle posséde, de ce fond de bonheur qu'elle donne & de cette felicité douce & tranquille qui ne se rencontre qu'avec elle; pour la chercher avec effet & & la trouver avec facilité. Quelle foiblesse dans le trouble d'une vie tumultueuse, pleine de soins que l'esprit embrasse avidement, s'imaginer trou-

ver cette paix heureufe qui
n'eft autre qu'un don de
Dieu, un fentiment de
la divinité, un état où la
puiffance des chofes étran-
geres n'agit plus & qui
éclairé, feparé, détachée
des chofes du monde s'eft
élevé au deffus de la crainte & du defir qu'elles font
naître. Voilà en quoi confifte la paix dans une vertu raifonnable, ou dans
une raifon vertueufe qui
comprend une volonté
droite & un jugement

sain , un cœur solidement
atttaché à ses devoirs , un
esprit fortement convain-
cu de la verité & qui la
voit, la suit & l'aime par
tout. La droiture de l'esprit & du cœur n'est pas
au dessus de nous comme
l'on se l'imagine. Il ne
nous est pas libre d'élever
nos connoissances jusqu'à
certaines étendües, mais
il nous est possible de les
redresser jusqu'où elles
doivent estre. Et si la
grandeur des lumiéres dé-

pend de la providence qui partage differament le fens commun, la droiture & la verité dépendent de la violence que l'on fait à la paffion qui s'oppofe à leur effet. Toute perfonne peut eftre parfaitement raifonnable fi elle le veut; de fa volonté dépend fa raifon, & de fa raifon dépend la paix qu'elle cherche. Au fond d'un cœur diffipé de mille embaras, au fommet d'un efprit traverfé, entraîné, féduit par cent erreurs on ne rencontre point la paix? Dans l'engagement d'un ame emportée par son penchant qui se donne sans scrupule à l'attrait d'une passion cachée, on ne la trouve pas encore? son divin repos est opposé aux mouvemens humains qui nous troublent. Et pour joüir d'une paix veritable, il faut veritablement la chercher & la chercher dans la verité. La veritable paix consiste

dans le repos de l'ame que
rien ne peut troubler, il
faut estre dégagé de ces
sentimens inquiets qui occupent toute nostre vie,
de cet interest qui nous
promet de tout entrepren-
dre, de cet amour propre
qui nous prévient & qui
nous rend sensibles à tout.
Et cette voye qui nous
conduit à la paix, est un
chemin détourné que la
volontéignore, Le trouble
de la fortune à des appas
qui effacent le repos de

l'indigence, & l'on facri-
fie aifément fa tranquil-
lité pour fon bien, fans
fonger que tous les biens
du monde ne valent pas
un moment de tranquil-
lité, de cette tranquillité
que rien n'altére, de cette
paix que l'efprit goûte,
que le cœur aime & qui
ne regne dans une ame
chrétienne que pour lui
faire fentir par avance
cette immenfité du repos
éternel qui lui eft pre-
parée. Repos, tranquillité,

paix qui ne permet ni la vigilence paſſionnée, ni la haine meritée, ni la confuſion des affaires , ni le trouble des diſputes, ni la diſſipation du tems; & qui communique par ſa douceur une indifference pour les richeſſes , une bienveillance pour le prochain, un amour pour la juſtice, qui fait qu'on évite tout ce qui peut troubler. Et comme le procés expoſe une ame à cent dangers nouveaux d'of-

fencer Dieu, elle les fuit
au péril de sa fortune,
& quand elle s'y trouve
engagée malgré elle, elle
les soûtient, elle les pour-
suit, elle les termine, fon-
dée sur la verité. Son
cœur également paisible
dans l'occupation que lui
donne une affaire, n'em-
ploye que des moyens
permis pour la gagner ;
parce qu'il est exemt de
cette crainte servile & criminelle de perdre, que
l'interét fait naître dans
ceux

ceux à qui la paix est
moins chére que la for-
tune.

Fin de la premiere partie.

DESCRIPTION

D E

l'Amour propre,

Paſſion dominante des Femmes.

II. PARTIE.

QUOIQUE tou-
tes les paſſions
nous tourmé-
tent, nous agi-
tent & nous animent, il en
eſt toujours une domi-

K ij

nante & maîtresse des
autres, & chacun sent en
lui-même une souveraine
passion qui servant de mo-
bile aux autres, nous en-
traîne où il lui plaît &
nous porte par sa violen-
ce à cent égaremens dif-
ferens, dont nous pou-
vons à peine nous deffen-
dre par l'attrait que nous
trouvons à la suivre. Le
temperament est celui qui
fait choix d'une passion
pour l'élever au dessus des
autres, & chacun ordinai-

rement fuit une opinion
felon fon penchant & une
paffion felon fon naturel.
Mais je ne cherche point
dans ce difcours à perfua-
der que chacun a fa paffion
dominante & que l'amour
propre eft la plus dange-
reufe de toutes, mais feulement à décrire quelle eft
cette paffion dominante
dans les femmes, & d'où
vient qu'elles ont toutes
la mefme, & que la con-
dition ni le temperament
n'empéche pas l'amour

propre d'eſtre la favorite
du ſexe & d'avoir un ſou-
verain empire ſur toutes
les femmes, j'en exemte
celles, qui connoiſſant
bien la verité que j'avance, donnent tous leurs
ſoins pour ſe mettre au
deſſus de cette douce paſſion, ellesdoivent la craindre plus que toutes les
autres, parce qu'elle eſt
la plus naturelle, la plus
utile & la plus ordinaire,
& que les femmes l'ont
en naiſſant, la raiſon leur

fortifie & leur condition
les y engage. Comme el-
les font nées plus foibles
& plus délicates, elles fe
permettent bien des cho-
fes & s'en tolerent beau-
coup d'autres ; c'eſt pourquoy il eſt ſi rare d'en
rencontrer qui ſoient e-
xemte de prévention dans
l'eſprit, de goût pour les
bagatelles, d'opiniâtreté
dans les opinions & d'in-
conſtance pour toutes
choſes. Quand il s'agit
de ſon intereſt une fem-

me n'eſt pas la maiſtreſſe
de moderer ſon empreſſe-
ment vers elle-même, &
la ſource de ce deſordre
eſt l'amour propre qui la
domine, cet amour pro-
pre ſi inconnu & ſi im-
perieux qui tourne la vo-
lonté & la fait mouvoir
ſelon ſon gré, qui trou-
ble, occupe, agite, déter-
mine & qui ſans permet-
tre à la raiſon de nous
montrer nos devoirs, nous
enléve à la verité &
nous engage en tout ce

qui nous plaiſt.

C'eſt de cet amour propre dont il faut que je donne une idée. Dans le fond de nous-meſme il eſt un ſentiment qui nous fait déſirer ce qui pourroit nous rendre heureux & qui nous prévient que ce bonheur eſt dans la volupté de l'eſprit ou des ſens. Entre le deſir de nôtre felicité ſelon Dieu & ſelon la raiſon, & le déſir que l'amour propre nous inſpire,

K v

il n'y a qu'une difference,
l'un nous fait défirer un
bonheur que nous ne
comprenons pas & qui
nous fait adorer le fou-
verain principe qui le doit
faire, & l'autre nousfait défirer un bonheur que nous
puiffions fentir & con-
noître au mefme tems
que nous le défirons. La
volupté eft au fond de
l'ame par le défir de l'a-
mour propre, & la feli-
cité s'y trouve par le défir d'une ame chrétienne,

mais du désir que nous
donne l'amour propre il
en naît toutes ces diffe-
rentes délicatesses ordi-
naires aux femmes, la
prévention, la noncha-
lance, la vanité, la mo-
lesse, l'oisiveté & cent
autres deffauts qu'elles ap-
pellent qualitez naturel-
les à leur sexe. Dés que
le fond du cœur est plein
de cet indolence, de cet
amour de soi-mesme, de
ce désir des choses agréables qui nous flattent &

qui nous plaisent, s'en
est fait pour la vertu,
pour la raison, pour l'honneur & pour toutes les
grandes choses qui de-
mandent une ame élevée
au dessus des sentimens
ordinaires. L'amour pro-
pre est la source de toutes
les passions & de tous les
vices, il est plus difficile
à détruire que tous les autres défauts, sa tirannie
n'étant autre chose qu'un
éguillon qui nous pique
& qui nous pousse vers

nous-mefme, de maniere
que l'on fe cherche, l'on
fe flate & l'on s'aime.

C'eft une chofe bien fa-
cile de s'aimer puifque
c'eft un droit naturel &
qu'il n'eft point d'eftre qui
ne concoure par un
mouvement qui lui eft
propre, non-feulement
à fa confervation, mais
auffi à fa fatisfaction. C'eft
pourquoi l'amour pro-
pre eftla premiere paffion,
c'eft à dire la plus invin-
cible, quoi qu'elle ne foit

pas la plus forte, elle eſt
la plus naturelle, la plus
douce, la plus agreable, la
plus ſeduiſante ; & toutes
ces qualitez-là font de
grands effets ſur l'eſprit
des femmes, leur com-
plexion, leur tempera-
ment, leur éducation, &
leur ignorance les rendent
plus ſenſibles à cette paſſion, qui agit toûjours
avec effet auprés du ſexe,
il ſe fait une liaiſon des
qualitez propres qui for-
ment une union entre

elles & cette paſſion, & toutes les autres où les femmes s'abandonnent, ne
ſont pouſſées que par l'a-
mour propre qui les ré-
veille pour ſervir à ſes
deſſeins & qui s'en ſert
pour concourir à la per-
te de la vertu & de la
raiſon, c'eſt elle qui eſt la
ſource de cette premiere
faute attachée à l'éduca-
tion qui eſt un rafinement
de délicateſſe qui fait
prendre un ſi grand ſoin
de la ſanté & de la beau-

té d'une fille, qu'on lui
inspire l'oisiveté en lui
conservant le repos; pour
l'éxemter de peine on la
prive d'action & pour
trop conserver l'éclat de
son tein, on neglige les
sentimens de son cœur,
aussi cet amour propre
qui éleve son esprit dans
l'ignorance & son corps
dans la molesse lui inspire
de voluptueuses inclina-
tions aprés l'avoir élevé
dans d'inutiles amuse-
mens, dés que la raison

paroit l'amour propre lui
prefente des objets agréables afin de féduire fon
goût, il entretient le jugement dans des projets &
des deffeins utiles & de-
licieux, & felon le pen-
chant du cœur, il nous
livre à un état qui nous
paroît agreable, il rétran-
che même des plaifirs qu'il
propofe, toutes les pei-
nes qui les accompagnent
& la joie que l'amour propre promet à l'acomplif-
fement de nos défirs eft

roûjours toute pure , il
ne la mélange point avec
les amertumes qui se font
sentir quand on croit le
goûter ; & quand on veut
se reprocher la fausse opinion que l'on avoit des
plaisirs l'amour propre in-
genieux nous flatte sur l'a-
venir & nous fait esperer
les délices qu'il nous figure afin de nous abuser
aussi longtems qu'il nous
posséde. Ce ne sont là
que ses moindres effets,
c'est lui qui nous fait ne-

gliger l'eſtime des hom-
mes ou la chercher avec
trop d'empreſſement. De
quoi penſez-vous que
ſoit préoccupé une fem-
me qui s'attache & qui
prend des engagemens de
cœur, où l'amitié a bien
moins de part que l'amour
ſi ce n'eſt d'un amour propre exceſſif qui fait qu'elle ſe cherche elle-même
dans un objet étranger &
qu'elle va inſpirer le même ſentiment dans le cœur
de celui qui l'a fait naître

*Les ſo-
quitttes.*

dans le sien, elle va communiquer l'amour propre qu'elle ressent, elle va porter sa passion au lieu où elle trouve sa joye, & sous la figure qu'ils font de s'aimer l'un & l'autre, tous deux effectivement n'aiment qu'eux-mesme; mais ce n'est point assez l'amour propre est ami de l'interest aussi bien que de la volupté. Celle que l'on voit par des complaisances pénibles chercher une amitié utile, celle qui sous

de laborieuſes occupa-
tions, cache un repos
qu'elle attend de ſa peine,
n'eſt pas moins ſuſcepti-
ble d'amour propre que
celle qui s'abandonne à
une vie molle & oiſive.
Il eſt un amour propre
qui ſoûtient les travaux
comme il en eſt un revêtu
de nonchalance, c'eſt toûjours le meſme & le voile
d'une pieté qui fait hon-
neur, n'eſt pas moins a-
mour propre que l'éclat
d'une galanterie qui fait

plaisir. On s'abuse quand
on se persuade que l'amour
propre regne seulement
dans les femmes coquet-
tes & mondaines, que
c'est là seulement où se
trouve la volupté, la dé-
licatesse, la vanité l'entê-
tement, l'orgüeil, la sen-
sualité & le soin de con-
tenter les passions & de
donner aux sens tous les
plaisirs qu'ils exigent chacun en particulier. Non
ce ne sont pas seulement
les femmes galantes qui

*Les Bi-
tes.*

font sujettes a ces défauts,
celles qui professent la
pieté auffi bien que celle
qui font gloire du défor-
dre, ont un fond d'a-
mour propre, qui leur rend
les vices familiers auffi-
bien qu'aux autres, parce
qu'elles prennent trop peu
de foin de l'anéantir; fouvent celles qui fe piquent
d'eftre les plus devotes,
font celles qui s'aiment davantage. & parmi tant de
vertus dont elles parlent
toûjours, la charité ne

s'y trouve point, cette
charité qui en les obli-
geant d'aimer Dieu sou-
verainement, les oblige
aussi de se hair parfaitement, & c'est ce qui fait
que parmi cette régula-
rité plus aparente que veritable, il se trouve toûjours du vieil adam, &
vous voiez les bigotes
plus sensible à une inju-
re que celles de qui l'on
attend les ressentimens les
plus emportez, elles ont
moins de colére & plus
de

de vindication, parce que
l'habitude de la modera-
tion leur rend les premiers
mouvemens plus paisibles
& les seconds plus dura-
bles, & l'amour propre
leur conserve la memoire
d'une injure que la charité
sçauroit bien effacer , si
elle regnoit dans leur cœur.

C'est une chose sur- *Les*
prenante que l'ignorance *Spiritu-*
elles.
des femmes, elle prédo-
mine à toutes leurs lumieres & l'amour propre en
est la cause. On ne ver-

L

roit pas une femme d'es-
prit se flatter, s'aplaudir
injustement, se tolerer,
se pardonner des fautes
considerables si elle s'ai-
moit moins, comme ses
lumieres lui font apper-
cevoir la verité avec plus
de facilité qu'une autre,
elle auroit horreur pour
les foiblesses que son esprit lui feroit voir dans
son penchant, si l'amour
propre ne l'aveugloit &
ne la faisoit entrer pour
ce qui regarde ses inte-

restsdans la mesme igno-
rance des plus simples du
vulgaire, elle démêle les
défauts des autres, elle en
sçait le point, elle en mesure mesme l'étendüe &
rien n'échape à ses con-
noissances, quand des ob-
jets étrangers se proposent
a son jugement ; mais dés
qu'il s'agit de réfléchir sur
elle-même & d'examiner
la justesse de ses pensées
& la droiture de ses
actions, ce n'est plus le
mesme esprit, cette ju-

stice qu'elle avoit dans les autres causes ne se rencontre point dans la sienne, & quand elle s'éxamine pour se régler, elle court risque de se déregler davantage ; parce que l'amour propre aveugle ses reflexions & elle se trouve ordinairement plus prévenüe qu'éclairée quand elle a beaucoup refléchi.

Pour se juger avec fruit, il faut s'éxaminer avec rigueur, quand on visite les replis de son cœur pour

y découvrir la verité de
ſes mouvemens, ce ne
doit pas eſtre avec la douceur qui nous eſt neceſ-
ſaire pour bien juger des
autres, il faut eſtre convaincu & pénétré de la
flateuſe maniere dont l'a-
mour propre nous va re-
preſenter nos méchantes
inclinations & l'on ne
ſçauroit eſtre trop ſévere
à ſes opinions quand on
les veut rendre juſtes; c'eſt
ce mélange de douceur &
de ſeverité dont une fem-

me doit s'armer dans sa
conduite, de séverité pour
ce qui la regarde, & de
douceur pour ce qui re-
garde les autres. Sa dou-
ceur pour les autres la
garentira de la médisance
& sa rigueur pour elle-
mesme la mettra au dessus
de l'amour propre qui est
une passion tres-difficile
à vaincre, étant la plus
universelle & la plus ai-
mable.

Les E-
conomes Pour les femmes qui ne
font point de l'ordre des

précedentes qui fans pro-
feffer le libertinage, la
pieté ni le genie ménent
une vie tranquille, appli-
quées à leur état, ne
s'occupant que de bien
ménager les moiens qu'el-
les ont dans leur condition,
elles ne font pas à l'abri
de fentir les funeftes effets
de l'amour propre qui eft
fouvent le principe de
leur économie & du re-
tranchement de leur fu-
perflus; mais comme cet
amour propre eft infatia-

ble il porte souvent l'é-
conomie jusqu'à l'avarice.
Une femme se dénie les
choses dont elle a besoin
par le plaisir qu'elle trouve dans un amas futur
dont el'e se promet la
possession, pendant qu'elle se procure un dépoüil-
lement present & réel,
dont elle ne sent pas la
peine & la rigueur, l'a-
mour propre l'aveuglant,
& cela est si vrai que
parmi les femmes d'une
condition commune ;

lesquelles sont engagées
pour l'utilité de leur
maison d'entrer dans l'é-
xercice du commerce &
dans le détail du ména-
ge, on y remarque un
fond d'amour propre
pour elles mêmes qui
conduit toutes leurs
actions. Il est si rare d'en
trouver quelqu'une qui
embrasse son état avec
un esprit de docilité &
de soin, & qui n'ait d'autre but que son devoir
& la crainte de Dieu. Ja-

mais cette femme forte
dépeinte & loüée dans l'é-
criture n'a mieux paruë
eftre une idée qu'on s'eft
voulu faire (dont la réali-
té eft impoffible) que dans
nôtre fiécle, & ce qui la
rend fi difficile à rencontrer, eft cet amour pro-
pre qui l'éloigne de tou-
tes ces grandes qualitez
que l'Ecriture marque lui
eftre neceffaire pour la
rendre parfaite. Tant
quune femme s'abandon-
ne au fecret mouvemens

qui la détourne des ri-
gueurs de la juſtice , elle
eſt incapable de perfec-
tion. Je nomme rigueur
de la juſtice , parce que la
nature a un penchant
imparfait qui s'oppoſe à
la droiture & qui lui rend
difficile les choſes inno-
centes , & ce n'eſt qu'avec
beaucoup de lumiére &
beaucoup d'efforts qu'on
ſe met au deſſus d'un at-
trait naturel qui nous détourne de la perfection ?
Comment la plus part des

femmes feroient-elles capable de cet ufage genereux, de s'aracher à elle-même pour fe donner aux loix de la fageffe.

Les Joüeuses.

Comment des perfonnes qui paffent une partie de leur vie en des amufemens inutiles, trouveroient-elles en elles-mêmes affez de raifon & de vertu pour détruire la plus infinuante & la plus naturelle paffion que nous ayons ; il y a un grand trajet à faire entre des converfations

inutiles, un jeu perpetuel,
des assemblées d'oisiveté
& de vertueuses occupa-
tions sans relâche. L'amour
propre fait trop bien son
conte parmi les femmes
qu'il livre au commerce
du jeu pour ne leur pas
faire paroître une éten-
düe qu'elles ne sçauroient
franchir, qui se trouve
entre leur conduite & les
maximes d'une vie chré-
tienne, & je ne m'étonne
pas si l'amour propre qui
gouverne toutes les fem-

mes, ne laiffe pas un mo-
ment aux joüeufes qui ne
foit pour jouer ou pour
défirer de le faire, fi elles
avoient quelque inftant
libre de cette préoccupa-
tion, elles ne pourroient
voir l'oifiveté de toute
leur vie paffée fans fe
propofer un avenir plus
utile & c'eft une rufe
fecrette de l'amour propre
de leur groffir tellement
l'objet qui les amufe qu'elles s'occupent fans ceffe
du jeu quoi que effecti-

vement le jeu ne les oc-
cupent jamais & que ce
ſoit une oiſiveté agiſſante
que cet exercice qui ne
tient point titre d'occu-
pation, mais de délaſſe-
ment, & que l'on ne doit
prendre que pour donner
à la nature quelque mo-
ment de repos pour com-
patir à ſa foibleſſe; mais
l'amour propre cette paſ-
ſion ſéduiſante ne pro-
poſe jamais ce moien-là
à une femme, qu'il ne l'en-
ivre d'un goût délicieux,

& qu'il ne lui faſſe donner
ſon tems & ſon cœur à
cet amuſement, qui s'ac-
corde ſi bien avec la paſſion qui le fait aimer; car
il entretient cette oiſiveté
de l'eſprit & du corps, qui
nourrit l'amour propre; il
bouche l'ame & ne la
remplit pas; il eſt tout à
cette préoccupation qui
l'endort & qui la rend in-
ſenſible & incapable d'é-
couter les reflexions, les
idées, les inſpirations &

tous ces mouvemens que
la grace & la raiſon exci-
tent pour l'éclairer.

Mais cet amour propre *Les*
s'eſt ſi bien établis dans le *Plai-*
deuſes.
cœur des femmes par cette
maxime qu'il n'eſt pas
ſeulement cauſe de cette
vie mole & ſans action,
il eſt auſſi la ſource de
mille travaux attachez à
un autre caractére. C'eſt
l'amour propre qui eſt le
principe de ces pénibles
& laborieuſes démarches
où le procés engage. Sous

ces triftes nuit fans fom-
meil & ces jours brillans
fans repos eft caché l'a-
mour propre le plus in-
vincible & le plus délicat.
C'eft dans l'exercice de ces
baffes & ennuieufes folli-
citations que fe rencon-
trent la plus enracinée
prévention de foi-mème.
Les femmes ne s'aiment
jamais tant que lors qu'il
leur en coute toutes les
peines qu'elles abhorrent,
pour jouir du plaifir qu'elles défirent, cependant

j'aurois peine à leur faire
avoüer une verité qu'elles
sentent & qu'elles aiment,
& dont elles ne refusent
l'aveu que parce qu'elles
n'en veulent pas quitter
l'usage. La peine & le dé-
sordre qu'aportent ces dis-
putes, autorisées par les
coûtumes & par les loix
ne sont causez que par
l'amour propre, & nulle
femme ne peut disconve-
nir quand elle voudra
parler de bonne foi, que
ce ne soit l'amour propre

qui l'anime quand elle se
donne ces soins réiterez
qui la contentent au mi-
lieu de cent chagrins differens qui l'environnent.

L'amour propre a quel-
que chose de si agréable
pour les femmes que lorf-
que la nature les a livrées
à son pouvoir, elles ne se
contentent pas de paffer
leur vie dans l'habitude
que cette paffion leur fait
contracter, mais elles nour-
riffent, elles fomentent,
elles augmentent cette

passion en elles, & sans
en demeurer là, elles la
communiquent comme
elles l'entretiennent, &
c'est un poison dont on
est atteint par la societé
qui est si imperceptible
& si dangereuse qu'il est
impossible de le guérir, si
on ne le connoît avant
que d'en estre attaqué, ou
si on ne s'attache à le détruire avec autant de soin
qu'on en prend pour le
conserver. Je voudrois que
l'on s'en fit souvent une

idée & que l'on aprofon-
dit sa nature & ses effets,
afin d'éviter son pouvoir
& son attrait, & qu'on ne
fût point l'esclave d'une
passion efféminée qui dé-
rive cependant de la plus
illustre passion de l'homme. Personne n'ignore
que l'amour ne soit la
plus noble de toutes les
passions & personne ne
doit ignorer que par le
peché de nôtre premier
pere, cet amour sublime
& naturel de l'homme est

dégeneré dans un amour
coupable & sensuel, & que
cette source de biens, est
dévenu l'origine de mille
maux; parce que la na-
ture qui étoit temperée
par la grace & dont toutes
les inclinations étoient
loüables & saintes, la
charité dominante con-
fondant l'amour propre
& ne nous permettant
pas de nous aimer qu'en
Dieu seul, a changé de
nature, ce n'a plus esté
des mesmes yeux que

l'homme a regardé les objets, l'utile & l'agréable ont attiré ſes déſirs & ſes ſoins, il n'a plus trouvé de goût pour l'innocence il eſt dévenu ſon but, ſon motif, ſon principe; il n'a plus viſé dans toutes choſes comme à l'œuvre de Dieu, mais comme à la ſienne; il s'eſt toûjours regardé depuis cette mal-heureuſe metamorphoſe, & de ce dépoüilllement ſage &ſincére, où il vivoit au milieu de l'abondance

dans

dans le paradis terreſtre,
il eſt tombé dans l'atta-
chement & dans les fers
d'un amour déſordonné
pour lui-même, & cela au
milieu de l'indigence &
des beſoins de la nature
corrompüe. Si bien que
de cet état élevé où Dieu
l'avoit mis, il s'eſt plongé
dans cette abîme de maux
& de regrets où il eſt reſté
juſqu'à la venuë de Jeſus-
Chriſt; non que cette
miſſion de Jeſus-Chriſt
qui a effacé la faute du

M

vieil Adam ait voulu ré-
tablir l'homme dans la
perfection où il étoit d'a-
bord par estat ; mais elle
a voulu lui donner la
grace du redempteur afin
qu'il pût y rentrer par violence, & l'excellence de la
redemption est un avan-
tage pour la nature hu-
maine , puisque dans le
premier homme il n'y a-
voit rien de difficile dans
la perfection de sa vertu,
& dans l'homme nouveau
il concourt avec violence

par sa volonté unie à la
grace, à la perfection de son
merite, & il est tellement
au dessus de son premier
état par sa fidelité, qu'il
ne sçauroit disconvenir
de combien la nature est
annoblie dépuis que Jesus.
Christ l'a purifiée par sa
venüe, par sa parole, par
son exemple, & par sa
grace. Par la Loy nouvelle
l'homme se trouve disci-
ple d'un Dieu crucifié qui
est venu pour aprendre
aux hommes à estre des

holocautes & pour leur
faire comprendre qu'à la
honte du démon il leur
donnoit le pouvoir de
triompher d'une nature
ennemie, & d'estre tous des
Martyrs de cœur & d'esprit,
afin d'estre des citoyens de
gloire & de béatitude.

Mais quel étoit ce mon-
de à détruire, ces ennemis
à vaincre, si ce n'est ce
fond d'amour propre qui
est dévenu le maistre dans
le premier homme, cet
amour de soi-même & de

ſon propre bien qui l'a-
voit precipité dans ce travail perpetuel , & cette
mort infaillible, où il nous
a aſſujetti; c'eſt là la fource de ſa perte,& ſouvent
la cauſe de la nôtre; c'eſt
là ce monſtre à terraſſer
pour la victoire du quel
il nous eſt donné tant de
grace, & à la deſtruction
duquel nous devons tra-
vailler ſans relâche ; c'eſt
à cet amour propre ſi na-
turel & ſi deffendu que
nous dévons faire une

guerre continuelle, puif-
que c'eſt à la victoire de
cette paſſion qu'eſt attachée la perfection & le
merite, & que celui qui ne
s'haira pas lui-même, ne
doit jamais prétendre aux
récompenſes réſervées à
celui qui n'aime que Dieu.
Mais s'il eſt difficile à
l'homme le plus ſage &
le plus fort de détruire
abſolument cet ennemi, &
que tant que nous vivons
il nous reſte ce fond, pour
heritage de la premiere in-

fraction de la Loi de Dieu.
Combien est il plus dif-
ficile à un sexe foible,
fragile, variable, inconf-
tant, & pour dire plus
naturellement attaché au
défaut qu'il posséde, de se
garentir de cette illusion
du demon & de la nature,
& de pouvoir vaincre un
penchant qui ne le force
à rien, & qui le laisse dans
la douce oisiveté, où l'on
s'entretient quand on s'aime. Quel moien à des fem-

M iiij

mes qui fortent peu d'elles-
mêmes pour s'inftruire &
qui n'ont de toutes les
fçiences que le défir dans
le cœur & le nom dans
la memoire, de fe fouftrai-
re à ces réfléxions favora-
bles, à ce retour perpetuel
qui n'eft autre chofe
qu'un circuit que leur imagination & leur volonté
fontfur elles-mémes, qui
finit toûjours par un éloge auffi fecret qu'injufte!
Quel moyen, dif-je, que
ces délicates perfonnes

accoûtumées à s'aimer,
puissent s'arracher à la
corruption que leur com-
muniquent la nature & l'é-
ducation. Comment vou-
lez-vous qu'une femme
soit capable de resolution,
& ainsi digne de confian-
ce, si sa molesse ne lui
permet pas de garder un
secret auprés de ceux qu'-
elle aime, ni de soûtenir
l'interest de la verité auprés de ceux qu'elle craint,
& c'est l'éfet & la preuve
de l'amour propre dans les

femmes que cette grande
facilité qu'elles ont à dire
ce qu'elles fçavent de criminel & de caché dans
les autres, fans pouvoir
retenir dans le filence ce
qu'on leur confie dans le
particulier. Auffi par une
punition naturelle de
temperament, celles qui
font fi hardies fur les interefts des autres, font bien
timides fur celui de la verité, & rarement les voit-
on défendre avec chaleur
le parti de ceux qu'on op-

prime, quoi qu'elles foient
fi faciles à découvrir les
défauts de ceux qu'elles
connoiffent, & c'eft la
fuite ordinaire de l'amour
propre que cette cruelle
conduite; on ne fçauroit
fe refoudre quand on s'aime à dire des chofes qui
faffent aimer les autres, ni
à cacher l'eftime qu'on
nous porte par le fecret
qu'on nous confie.

Une femme fe perfua-
de retirer beaucoup de
gloire de fon indifcre-

tion , & beaucoup de
profit de sa complaisance,
& cette fausse opinion
lui conserve l'usage de ses
mauvaises maximes, & la
retient toûjours attachée
à ce fond d'amour pro-
pre qui la fait agir.

Les effets nourrissent la
cause dans cette occasion,
l'amour propre produit les
mauvais sentimens, qui
sont la cause de mille actions injustes & déraisona-
bles, les actions déraison-
nables à leur tour entretien-

nent l'ame dans ces mauvais
sentimens, qui retournent
ensuite à leur source prendre & donner des forces
malheureuses qui ne con-
duisent qu'au déréglemét
& à la corruption; & voilà
l'effet de l'amour propre
que l'on peut avoüer être
un mal qui renferme tous
les autres ; puisqu'il n'y
a point de desordre dans
le monde qui ne recon-
noisse celui-là pour son
principe , & je crois que
le Christianisme, la Poli-

tique & la Morale ne sçauroient faire un homme de
bien, d'un homme qui
s'aime, la justice étant
necessaire à tous les états,
& ne pouvant subsister
avec l'amour propre, qui
prend toûjours le parti de
la volupté & des plaisirs,
sans jamais considerer la
soûmission que le corps
doit à l'esprit; & les obligations où nous sommes
de nous faire violence
pour nous rendre justes.
L'Amour propre donne

une licence à nos inclinations, & laisse nos desirs
libres dans leur dérégle-
ment, né s'embarrassant
que de flater nôtre esprit
afin de nous rendre agréable l'habitude de l'écou-
ter, & que nous puissions
ne nous occuper que de
nous même, & nous ren-
dre particuliers jusqu'aux
interests publics, nous
préferant à tout, & n'ob-
servant même la Loy qu'a-
vec toute la retenuë qu'il
nous propose, on n'admet-

tant rien de ces devoirs
rigoureux & pénibles,
dont cependant nous ne
pouvons nous dispenser
sans crime.

L'amour propre est op-
posé à la loi & à l'honneur,
il ne nous laisse du goût
que pour la grandeur,
pour la beauté ou pour
les richesses. Hors l'ambition, la volupté & l'ava-
rice rien ne lui plaît, &
c'est par ces passions malheureuses que nous con-
servons l'amour propre,

comme c'est par l'amour
propre que nous confer-
vons ces trois paffions
dans nôtre cœur ; c'eft
parce que nous nous ai-
mons, que nous voulons
être élevez au deffus des
autres ; c'eft ce même a-
mour qui nous fait défi-
rer les objets que nous
croions qui peuvent aug-
menter nôtre plaifir, & c'eft
encore par la mefme rai-
fon que nous accumulons
nos richeffes, afin qu'en
poffedant plus de biens

nous dépendions de moins de personnes, & qu'il y en ait plus qui dépendent de nous; car l'usage malheureux qu'à établi l'interest donne ce sentiment aux avares, & effectivement ils voient tous les jours des gens illustres renoncer aux droits legitimes qu'ils ont receu de leurs ayeuls, & céder leur rang, soûmettre leur sentiment, & de plus sacrifier la verité pour s'acquerir un peu de bien, ou pour obtenir la seule

eſtimé de ceux qui en ont
& cela en veüe d'aſſeurer
ou d'agrandir leur réputation, ſçachant bien que la
réputation dépend de la
voix de ceux à qui l'opulen-
ce a donné le crédit : de maniere que l'amour propre
a ce ſecret de rendre avare
non ſeulement ceux qui
poſſédent les richeſſes,
mais auſſi ceux qui n'en
ont point. Il n'y a pas
moins d'avarice à faire des
lachetez pour avoir du
bien qu'à le cacher ſans

dispensation quand on le
posséde, c'est la même chose d'aller audevant d'un riche qui nous fuit , com-
me de s'éloigner d'un pauvre qui nous suit ; on est
avare en cherchant le
bien comme en le gardant,
& l'amour propre n'en est
pas moins violent , car
l'on s'aime par raport à la
fortune lors qu'on se hait
par raport à l'honneur , &
les femmes sont bien su-
jettes à cette espece d'a-
varice que l'amour propre

enfante; elles ne confidé-
rent les gens qu'en veûe
de leur fortune, & l'abondance des biens eſt la clef
de leur eſtime ; elles mé-
ſurent même ordinaire-
ment le merite à la bourſe,
car lors qu'elles font l'éloge de quelqu'un, la fortune
a ſon rang dans le pane-
girique, & rarement même
le font-elle complet d'une
perſonne pour qui toutes
les vertus ſe déclarent, &
à qui la fortune eſt con-
traire, & cela parce que

l'amour propre ne permet
pas à une femme d'élever
le merite d'un autre, qui
n'a que de bonnes quali-
tez à faire admirer, fans
avoir du bien pour nourir
leur efperáce; tant il eft vrai
que l'on s'aime fouverai-
nement, & que l'on ne
fçauroit aplaudir, ni re-
chercher une perfonne
que l'on ne s'en promette
une utilité particuliere en
quelque maniere que ce
puiffe eftre, & que l'on ne
s'affeure par efperance un

bien propre qui est la
cauſe de celui que l'on fait
aux autres, en juſtifiant
leur conduite, ou en pro-
clamant leur vertu, ſour-
ce de tous les maux, de
tous les vices & de tou-
tes les erreurs. Amour
propre ſi étendu, ſi ſecret
& ſi négligé que n'eſtes-
vous pourſuivi avec le
même zéle qui animoit
à vous perſécuter, les
Apoſtres & les Vierges de
l'antiquité, à vous immo-
ler ſous le joug rigoureux

de la penitence ou du
martyre; qu'il seroit beau
de voir encore aujourd'hui
non pas ce sacrifice où le
sang se versoit pour soû-
tenir la vérité de la religion; mais ces retraites
où les larmes se répan-
doient en abondance pour
la conversion des pe-
cheurs; ces assemblées de
Vierges illustres, encore
plus par leur vertu que
par leur naissance, qui pas-
soient leur vie dans l'éxer-
cice cruel d'une mortifica-
tion

tion aussi continuelle que
volontaire, ces vierges
qui ont servi d'éxemple
à nostre siécle, & qu'il est
à craindre qu'il ne soit
le seul qui reste aux siécles futurs ; ces vierges dis-
je en qui l'amour propre
avoit eu beau murmurer,
s'agiter, agir, résister : elles
ne l'avoient senti que pour
le mieux combatre, & leur
soin animé d'une volonté
courageuse & éclairée a-
voit sçû vaincre tous les
mouvemens d'une nature

N

rebelle & corrompue ;
mais le défir que je forme
fur ce fujet eft aufli inutile que les paroles que
j'écrit. On a beau voir les
écrits qui le blâment &
fentir les mouvemens qui
le condamnent, il eft plus
fort que nous-mêmes &
il feroit impoffible de le
vaincre fans la grace qui
nous encourage & qui
nous éléve, & cette grace
ne nous manque jamais
fi nous la demandons avec
un veritable défir de l'ob-

tenir; c'est tres-souvent la
nonchalance des deman-
des qui rend la prie-
re infructueuse; il faut
du zele pour obtenir
la victoire d'une paſſion
qui aſſoûpit noſtre volonté, & qui ne ſçauroit étre
vaincüe ſans ferveur, parce qu'elle eſt de toutes les
paſſions celle qui eſt la
plus amie du repos, tou-
tes les autres paſſions ne
peuvent uſer de leur vio-
lence ſans donner du
mouvement au cœur, à

l'esprit ou au corps; mais l'amour propre agit de toute sa force dans la tranquillité la plus parfaite,& il ne lui faut ni mouvement, ni agitation, son action malheureuse ne demande point d'effort pour estre réelle dans l'état & dans la scituation la moins troublée, où une créature puisse estre, elle peut avoir de l'amour propre jusqu'à l'excés, & si cette passion se trouve quelquefois dans le trouble elle

se trouve auffi dans la paix,
c'eft ce qui la rend fi ordinaire aux femmes, la vie
mole qu'elles ménent, la
bagatelle qui les amufe
dans une indolence & une
oifiveté continuelle eft un
apas pour l'amour propre,
& il n'eft rien de plus naturel que de s'aimer beaucoup en menant le trein
de vie des femmes d'au-
jourd'huy ; je ne m'éton-
ne pas fi au jugement des
plus fages, toutes les vertus qu'elles font paroître

sont soupçonnées, & si
l'on a peine à s'imaginer
qu'il sorte quelque chose
de parfait d'un sujet qui
ne l'est pas ; car ordinairement ces déhors de mo-
destie qui seroient des
preuves de pieté ne le sont
que de bigotteries, leur
fermeté n'est qu'une pure
obstination & leur enjoü-
ement est toûjours indis-
cret ; mais d'où vient que
ce qui est vertu ou qualité
loüable est vice & désor-
dre chez elle, c'est que

l'amour propre leur fait
faire le choix des vertus
qu'elles embraſſent, elles
ſe donnent à la pieté parce que leur temperament
les porte à une vie paiſible
& ſérieuſe, & ſouvent
parce qu'elles aiment
mieux la médiſance que
la volupté & qu'on peut
parler des autres quand on
ne fourni pas aux autres
de quoi parler de nous.
Elles ſoûtiennent leurs
opinions ſans rélâche &
ſans raiſon, parce qu'elles

les aiment & non pas par-
ce qu'elles les connoiffent,
& ce qui fait qu'elles ne
cedent jamais, c'eft que les
idées fauffes dont elles
fe préviennent, leur tiennent lieu de raifon véri-
table, elles veulent qu'elles paffent de mefme au-
prés des autres, & qu'une
mauvaife raifon triomphe
d'une bonne qu'on leur a
donné, & que le dernier
qui parle foit reputé vic-
torieux. Elles font tou-
jours feures de leur fait

fur ce chapitre ; mais de
plus fi elles fe permettent
un agrément de vivacité,
ce n'eſt jamais avec la modération neceſſaire à l'enjoüement pour l'autoriſer;
c'eſt toûjours fans méfure
qu'elles fe donnent à quelque chofes, leur ſerieux
eſt outré ou leur joye dé-
reglée, & ce point de
vertu qui laiſſe l'ame dans
un équilibre ne fe rencontre point chez elles; parce que l'amour propre les
porte toûjours aux extre-

N v

mitez les plus blâmables,
& ne leur laiſſe voir l'excés qui gâte toutes choſes
que dans les autres, & jamais en elles-mêmes. Cet
amour propre efface tel-
lement toutes les bonnes
qualitez dans les femmes
que ſi elles ſont capables
d'érudition & de politi-
que, c'eſt avec tant de prévention, que l'on découvre
pluſtoſt leur orgüeil &
leur fineſſe que leur aplication & leur prudence.
Vous ne voyez point dans

les choſes d'eſprit une
femme habile agir com-
me un habile homme,
il y a toûjours de la gloire ou de la foibleſſe qui
gâte ce quelle ſçait, & ce
n'eſt pas ſans raiſon que
l'uſage leur interdit les
ſciences. Tres ſouvent l'é-
tude gâte plus une fem-
me qu'elle ne la perfec-
tionne; & leur naturel
cultivé par une droite
raiſon eſt toûjours plus
ſolide & plus agréable
que quand leur eſprit s'eſt

tourmenté, pour aprendre
plus en veuë de paroître
sçavoir, que de sçavoir
effectivement. Pour ces
desseins qu'un bon entendement conçoit, ces projets qui font leur séjour
dans des testes utiles à l'Etat, ces grandes entreprises qu'il faut concerter
avec sa raison & toute la
raison des autres, rarement
les trouve-t-on dans l'esprit des femmes de qui
l'entendement n'est pas le
plus fort & qui se gou-

verne par imagination.
La vivacité les emporte
quelquefois jusqu'à con-
cevoir de justes idées pour
de grandes choses; mais
l'assiéte fixe de l'esprit qui
seroit necessaire pour
maintenir ce premier ef-
fort ne se rencontre point
chez elles. La reflexion
loin de fortifier l'idée,
l'efface, & le goût qu'elles trouvent dans la beauté d'un grand dessein qu'elles se proposent, fait place au plaisir qu'elles pren-

nent à détruire la resolution qu'elles avoient for-
mée, & comme cette mo-
bilité d'opinions, leur est
naturelle à cause de l'a-
mour propre qui les do-
mine, elles ne sont ni
tres sçavantes ni tres sages, & cependant elles
auroient plus de facilité
à l'estre que les hommes,
si elles vouloient s'attacher
à d'étruire cette passion
de l'amour propre, c'est
le fond d'une prévention
sans cause, & d'une déli-

cateſſe ſans raiſon qui les
prive de tous ſes grands
talens , pour leſquels leur
naturel ſemble eſtre for-
mé , ſi l'amour d'elles mêmes étoit éfacé , & que
par un genereux effort ,
elles s'arrachaſſent à cet
attrait trompeur qui les
amuſe ; une femme habi-
le iroit aſſurément plus
loin qu'aucun homme n'a
eſté. Sa vivacité , ſa pe-
netration , ſa délicateſſe,
le feu de ſon courage, la
ſubtilité de ſes idées qui

sont poussées par un mou-
vement plus promt que
dans les hommes, les ren-
droit capables de plus
grandes entreprises, &
de plus promtes execu-
tions, & en même tems
le flegme qui les tempére
quand elles le veulent,
leur rendroit possibles les
attentes ennuieuses par
lesquelles il faut passer
pour arriver à la gloire,
à la fortune, & à la ver-
tu. Rien ne seroit difficile
à un sexe à qui rien n'est

presque possible, parceque
l'amour propre lui fait
paroître toutes les peines
insuportables, tous les
soins fâcheux, toutes les
occupations chagrines &
hors le plaisir qu'il propose ; tout le reste paroît
triste. On a peine à don-
ner quelque moment aux
exercices de la Loy, où
le devoir & la nécessité
nous obligent. On trou-
ve ces momens si longs
quelques courts qu'ils
soient, que le plus foible

motif qui peut nous e-
xemter d'en remplir les
dévoirs, nous paroît le-
gitime, nous nous en fer-
vons, & tout nous eft une
raifon, pour abandonner
la raifon. Voilà les foiblef-
fes, les injuftices, & les
défordres, où l'amour
propre conduit. On ne
fçauroit s'en garantir que
par un genereux mépris
de foi-mefme qui nous
met à l'abri des confi-
dérations que nous avons
pour nos interefts, &

qui nous infpire une du-
reté neceffaire , une feve-
rité qui châtie les moin-
dres défauts, & cette vertueufe qualité que l'on
trouve dans l'humilité
profonde , eſt la fource
des autres vertus , la
perfection eſt attachée à
fa pratique , elle fantifie
tous les mouvemens
naturels, & les femmes
fortes qui ont fervi
d'exemple à la poſterité,
étoient penetré de haine
d'elles mefmes, auffi bien

que les Dames chrétien-
nes d'aujourd'huy. Nulle
personne ne pourra estre
au dessus des revers de la
fortune & des accidens de
de la vie que celles qui seront au dessus d'elles-mêmes. Nulle personne ne
sera capable d'une pleine
raison & d'une parfaite
sainteté que celle qui pou-
ra se vaincre & se hair,
c'est pourquoy nulle fem-
me ne doit se flatter d'étre
raisonnable, sage & par-
faite, si elle a beaucoup

d'amour propre, elles ont
tant de privilege au deſſus
des hommes, que cela de-
vroit les animer à vaincre
une paſſion qui les rend
inferieures au ſexe fort.
Ce n'eſt pas une choſe im-
poſſible que leur perfec-
tion leur demande, elles
peuvent ſans rien diminu-
er de leur fortune, de leur
crédit, de leur beauté, & de
leur repos, ſe rendre dignes
de l'eſtime des plus ſages,
elles n'auroint qu'à mettre
un peu plus d'ordre, de ve—

rité & de justice dans leurs
pensées, dans leurs dis-
cours & dans leur condui-
te, & bien tost l'amour
propre se verroit effacé de
leur ame & banni du
monde, & à la gloire du
beau sexe, il faudroit con-
fesser qu'elles auroient
plus vaincu dans cette passion que le courage & la
valeur des hommes n'ont
fait depuis tant de siécles.

FIN.

www.ingramcontent.com/pod-product-compliance
Lightning Source LLC
Chambersburg PA
CBHW050458270326
41927CB00009B/1800